國語文補救教學教戰手冊：
解構語文精進教材

洪儷瑜、劉淑貞、李珮瑜　著

作者簡介

洪儷瑜

· 現職：國立臺灣師範大學特殊
　　　　教育學系教授
· 學歷：國立臺灣師範大學教育
　　　　心理學系學士
　　　　國立臺灣師範大學輔導
　　　　研究所碩士
　　　　美國維吉尼亞大學特殊教育哲學博士
· 經歷：課文本位閱讀理解策略師訓專案北二區主持人
　　　　語文精進教材主編

劉淑貞

· 現職：國語文補救教學師訓講師
· 學歷：國立臺灣師範大學國文系學士
　　　　國立臺灣師範大學特殊教育系碩士課程四十學分班結業
· 經歷：臺北市立麗山國中國文教師
　　　　臺北市立蘭雅國中特教教師
　　　　臺北市立北安國中國文／特教教師
　　　　臺北市東區特教資源中心讀寫障礙教材研發小組（組員、召集人、顧問）
　　　　語文精進教材編輯和督導

李珮瑜

· 現職：國立政治大學國合處行政專員
· 學歷：中國文化大學中文系學士
　　　　臺北市立教育大學中文研究所碩士
· 經歷：聯合報教育事業部國中作文班講師
　　　　國立臺灣師範大學教評中心專任研究助理
　　　　國立臺灣師範大學教評中心語文精進教材師訓督導

目　次

推薦序一

　　洪儷瑜教授曾有一部紅色房車，紅色是熱情與動力的象徵。做為一個駕駛，洪教授上車一踩油門，駕馭著她的熱情與動力，就上工去了。合作多年，洪教授就是性能極佳的紅色超跑，也是超跑駕駛。因此，在行動上我相當依賴洪教授，特別是她在特殊教育領域中的訓練和經驗，造就了她對於學習歷程中的點點滴滴非常的敏銳。當我們在討論某一教學時，她會直指我們的盲點，說明學生學習上的難處，並提出幫助學生的步驟。在洪教授眼中，我們所說的教學方法都太籠統，不能達成差異教學的目的。因此，讀者在本書中會讀到步驟化的作業、歷程化的教學，以及表格化的內容結構。本書的書名雖為「國語文補救教學教戰手冊」，但請不要被「補救」兩個字所限制，而要細看其教學的部分。

　　本書依學習單位的大小以及基礎能力先建立的原則，由識字、詞彙、句型、流暢性、文章理解到寫作，外加做筆記、自我監控、擴充閱讀等技能，來回應所學習的策略。總括來說：

1. 本書是專為國民中學國語文教師教學所寫的實作手冊，其中的各項方法都經過試教、再修改，並取得現場教師教學的實況。單看目次部分，每一章都有「教師困境與教學調整」一節，就是最佳證明。

2. 作者群專為學生的學習策略設計教學，其教學之目的是要學生能學到學習的方法，以利自學。因此，洪教授相當看重學生知道自己學習的進程，例如：書中設計的「學習重點檢核表」，能幫助學生認識自己在閱讀能力上是否達標。

3. 落實讀寫合一。常有人說閱讀和寫作是一體兩面，但教學上通常分家。本書讓讀寫相互呼應，例如：閱讀首要建立詞彙量，同時寫作要有詞庫。閱讀理解包括對文體的認識和利用，同時寫作要由不同文體分析來入手。

現在，就請大家一起來參用「國語文補救教學教戰手冊」。

柯華葳

國家教育研究院

2015 年 5 月

推薦序二

　　「將每個學生帶上來」是國民教育的主要目標，但對於那些在國語文教室裡始終無法跟上教師教學腳步的孩子，要怎麼樣有效提升他們的語文能力呢？閱讀的教學文獻一再指出，低成就學生特別能受惠於有系統的策略教導，當他們逐漸透過精緻的系統化教學而掌握各種有效策略時，便擁有理解文章的秘密武器；文本，也就不再是難以解碼的抽象天書。

　　「國中語文精進課程」正是一套以教導策略為目標的國語文補救教學教材。我很榮幸參與了它的試用計畫，協助督導高屏地區數個國中在補救教學課程中使用這套教材，因而有了與這套教材的第一手接觸。

　　這套教材的內容涵蓋了識字、詞彙、句型、流暢性、文章理解、寫作等重要的語文成分，在每個成分中規劃教導數個重要策略。整個課程的安排遵循著有效策略教學模式的作法，由教師明確示範開始，然後由學生在教師鷹架支持下進行練習，直到最後學生能獨立完成。教材提供了詳細的教案與教學資源，讓即使不熟悉策略教學的教師，也可以在教案的指引下有系統的指導學生。這套教材也提供不同難度的學習單，以配合學生在能力上可能有的個別差異。整套教材的設計，可說是以研究證據為本（evidence-based）教學的一個典範。

　　由高屏地區試用的經驗來看，當教師能真正理解此教材的教學設計理念，並確實地依循教案的規劃執行教學時，就能看到學生的成長。但教師要掌握這套教材並不是全無困難的，有些教師因為不清楚教學設計的理論基礎，因而不了解「為何要教」以及「為何要這麼教」這些策略，也有些教師因為不熟悉策略教學的模式，當學生出現了非教案中預期的行為時，會不知所措。

　　這本書的出版正可以解決教師所遭遇到的這些問題。在這本書中，洪儷瑜教授的團隊將教材重新解構，以策略為主軸，針對每個策略是什麼（what）、為何要教（why），以及如何教（how）都有很詳盡的解說，同時也對教師在教學時可能遭遇到的困境與如何進行教學調整，做了清楚的說明。這樣的解構可以讓剛接觸到這套教材的新手使用者，能夠較有效的掌握此教材的理念與作法，也可以讓已對這套教材略有認識的教師，能從策略的角度重新了解它。這

本書可以幫助教師更了解這套教材的內涵與重點，因而能充分發揮此教材應有的功效，以協助學業落後學生發展出適應未來資訊世界所需的語文能力。

陸怡琮

國立屏東大學教育心理與輔導學系

2015 年 5 月

作者序

　　多年從事師資培育工作，發現一個優秀的語文科補救教學教師之養成，真的不容易，因為一個好的國文教師並不一定是好的補救教學教師。雖然多年來在現場認識了一些很棒的補救教學教師，他們不僅讓學生樂於學習，也可以讓學生投入在重要的語文能力之扎根學習，讓補救教學不僅只是抄寫、背誦或有趣的遊戲而已。然而，現場對於這樣優秀的補救教學教師之需求數量太多，這樣的好教師之數量實在杯水車薪。

　　利用專家的智慧做為複製推廣已經運用在資訊科技上，可汗學院和臺灣的均一平台就是類似的概念，但他們都是用數位媒體取代教師，而另一種專家系統的概念即是把專家的智慧讓他人容易模仿，也就是所謂的標準化模組取向。美國學者把補救教學課程的實施分成問題解決和標準化模組等兩種取向，前者是依賴在地專業團隊依據所面臨的困難去擬定補救教學的目標和材料，後者則是由專家依據有效的成分編製一套通用的教材，將補救教學的重要元素都融入教材，讓教師容易掌握到補救教學所應該注意到的教學、班級經營和學生的動機情意之輔導等多個面向。2007 年，我受邀參加永齡臺東教學研發中心的語文科補救教學之教材研發工作，看到標準化補救教學課程對現場教師的幫助，只要教師有心，很容易就可以將好的策略學上手，也讓我們體會到特殊策略的學習除了研習之外，給教師有關的腳本模仿，可以讓他們學得更紮實，甚至有些未具教師資格的愛心媽媽，也可以在有系統的培訓和督導下學到這些好方法，並教得比自以為很有經驗的教師還要好。我和陳秀芬博士就從中見識到了標準化模式對於改變教師教學行為的威力；當然，永齡臺東教學研發中心的語文教材在國內之推廣，就是標準化課程取向的補救教學之成功案例。

　　2011 年，在本校教育學系甄曉蘭教授的邀請下，我與長期關心弱勢者教育的教育學院許添明院長、吳昭容教授合作，共同爭取到聯發科技基金會的三年經費補助專案：「偏遠地區教育機會與品質提升計畫」。我和陳秀芬博士延續永齡的經驗，繼續合作編製適合國中低成就學生的補救教學之教材。由於三年的經費補助，我們得以聘用具有國語文專長的李珮瑜小姐擔任專任助理，協助編寫教材；也感謝剛從臺北市立北安國中資源班退休的劉淑貞老師加入編輯

的行列。劉淑貞老師原為國中國文教師，1991年轉任資源班擔任資源班教師，長期在國語文補救教學工作累積了很多寶貴的資料和經驗。為了讓這套教材有實證基礎，所有剛編製好的教材都由劉淑貞老師親自到新北市的一所郊區國中認養一班補救教學班實施，經過研發實驗修改之後，再由陳秀芬博士負責在新北市、宜蘭縣進行實驗教學，也邀請國立屏東大學的陸怡琮教授在高屏地區督導幾所國中進行試用；同時，還邀請臺北市長期任教國中語文科的資源班教師（王敏薰、詹琇晴、葉純菁）進行試用，藉由資源班教師來觀察學生、調整作業的專長，蒐集學生可能的反應和教材可能需要的調整之處。2013年，終於完成了「語文精進課程」，為國中階段編製了標準化的補救教學教材，全部共有七個模組，每個學期以24小時完成一個模組，讓語文低成就的國中生可以按部就班的重新建立基本語文能力。同時，在每個模組的教學和作業中，都設計有二至三層不同協助的差異化學習之方式，以滿足補救教學班級內的差異化。

補救教學到底是要依據學生的起點行為來補（過去），還是在補課堂上考試要考的（現在），二者都受到詬病。前者受到的批評是：若一直在補過去，只會讓學生永遠跟不上，考試成績沒有起色，讓學生更沒有動機；對後者的批評則是：罔顧學生基礎能力的不足和教材的難度，而只顧重複教導和練習，不是讓學生更加挫折，就是僅補到記憶背誦的部分，而非學生真正需要的能力，所以很多學校為了讓低成就學生看似被補救起來了，就要求學生熟記基本字詞或問題，而段考的考卷也固定比例的安排記憶層級之考題，卻忽略了學生在生活上還需要的其他能力。然而，補救教學也應該考慮學生畢業後的生涯所需（亦即未來），例如：一個技職生涯取向的學生在國文或英文的學習目標和志願考國立大學文學院的學生，其所需要達到的能力目標是否應該不一樣？未來學生可能的就業、就學所需的能力，是否也應該做為補救教學目標的參考？如何讓學生有動機的參與補救教學？從事補救教學者必須要考慮學生的過去和未來之需求，但同時要讓學生有成就感，就不能忽略學生現在的需求。所以，「語文精進教材」算是綜合了上述三項的考慮，把過去、現在、未來三者做濃縮整合的設計，所有教材都以國小四年級的語文程度開始設想（僅有F模組考慮部分學校可能有更低的起點，改以小三程度做為編輯的起點），教材所涵蓋的文體都考慮到現有國中國文和其他學科所需的能力，以及重要閱讀評量所需要的能力；而且，不論是由F模組或模組一開始，預期學生透過六個模組

的累進學習，國語文的讀寫能力都足以應付未來升學到非文科的高中職，甚至是大學所需要的語文能力。因此，本教材是以培育基本國語文素養為補救教學的目標，雖然不是以國中的國文課本為補救教材，但是很多能力和策略都可以運用在國中的語文學習上。

本教材在 2013 年正式推廣至今，已有近 200 個班級使用過，也有超過 150 個教師取得使用本教材之教學證照。有鑑於以往推廣的經驗，許多國文教師對於本教材所介紹的相關閱讀策略並不熟悉，另在一些推廣閱讀策略的場合中，也有很多教師期待能有更多說明閱讀策略的實務書籍。因此，本編輯小組決定以策略為主軸來解構「語文精進教材」，希望透過一套教材說明，讓讀者能在有理論、實例和實施經驗結合的陳述中，認識如何實施閱讀策略。期待更多教師願意將有效的策略帶入教室，讓低成就學生可以學得更紮實。

「**為什麼白天的國文課不能這樣上？**」一個參加補救教學的小女生問本書作者劉老師。

「**我希望我們的國文課也可以上這些……！**」一個參加補救教學的小男生跟他的補救教學教師說。

除了學生的期待外，已有一些國文教師把本教材所用的策略和實施程序運用在國文課的課文賞析和寫作上。由此可見，好的策略用了就知道，只怕教師因為不知道而不會用。這也是為什麼我們要出版本書的原因，期待把有效策略的教學分享給更多人，也期待本書可以陪伴更多人學習如何教導閱讀策略，陪伴教師在教室的實踐中成長，甚至鼓勵更多教師願意使用本教材來投入國中補救教學的工作行列。

本書的完成主要是由劉淑貞老師整理歷年來的培訓講義和教師輔導會議紀錄，李珮瑜小姐負責根據問題來摘錄本教材的架構和相關資訊，我則負責總整理、問題回覆和總校對。我們三人的合作，一邊做推廣培訓工作，另一邊編輯整理，總算把這套「語文精進教材」的功能更加擴大。

在此感謝我們團隊的其他成員，編輯之一的陳秀芬博士，還有其他研究人員：胡文綺、蔡曉楓、孫瑜成、李思慧、詹琇晴、蔣雅竹、林怡君等人的付出。更感謝長期帶領我參與閱讀教學和研究的國家教育研究院柯華葳院長，願意幫忙撰文推薦；另外，支援本教材在南部推廣的陸怡琮教授也予以賜文推薦，她們的推薦將賦予本書和本教材更深的意義；還有全國各地參與本教材的

國文教師：宜蘭縣的陳育玲老師，臺北市的盧雅君老師、王敏薰老師、劉宴彤老師、葉純菁老師，新北市的黃方好老師，以及屏東縣的李乾隆老師，他們願意站出來推薦本書的策略和理念，更為本書加分不少。最後，心理出版社林敬堯總編輯全力配合本書的出版，謹代表作者群致上誠摯的謝意。

謹筆於博愛樓

2015 年 5 月 4 日

註：「語文精進教材」在 Facebook 已有粉絲專頁，歡迎加入。

前言

　　國中語文精進課程（以下簡稱本教材）是一套以教導策略來提升學生語文能力為目標之國語文補救教學的教材。主要參考以下文獻的主張：

1. Chall 教授所提的閱讀發展階段：考慮國中學生的閱讀應以閱讀學習為主，而閱讀學習階段又分為小四到小六和國中兩階段，此兩階段的閱讀發展目標包括由朗讀進到默讀、獲得知識的文本由兒童讀物發展到大人的讀物（Chall, 1996）。

2. 經濟合作暨發展組織（Organisation for Economic Co-operation and Development, OECD）對閱讀素養的定義：「理解、使用和思索各類書面文本，以達成個人目標，發展知識和潛能，並參與社會生活」（洪碧霞，2010），補救教學也應該以此為目標，培育學生可以理解、運用和思考各種不同文體的書面文本。

3. 在美國卡內基公司請哈佛大學學者（Biancarosa & Snow, 2006）對中學閱讀所寫的《未來閱讀》（*Reading Next: A Vision for Action and Research in Middle and High School*）一書中，對於推動青少年閱讀素養綜合出十五項有效的要素，包括：直接、明示教導閱讀理解策略；有效的教學原則放在學科，例如：用學科領域的教材教導語文能力；自主學習；以教材為基礎的合作學習；個別指導策略，在學科內容中提供密集和個別化的讀寫策略學習；多元的文本，主題和形式多元；密集寫作，教導高中或未來所需要的寫作；科技工具；延伸語文時間，至少有 2～4 小時練習學科知識和語文能力的結合；持續進行形成性評量；教師專業發展；持續進行總結性評量；跨領域教師專業團隊定期會議；領導、校長或教師了解閱讀教學；完整

　　與合作的語文計畫。其中，學科閱讀、自主學習、學習與讀寫策略有關的學習、未來生活所需要的寫作等，都是中學階段異於小學閱讀教育所強調的，也是本教材發展時特別要注意的部分。

4. Williams（2003）提出教導文本結構（text structure）的作法，讓學生找出所讀文章蘊含的結構可以增進學生的理解。教導文章結構包括確認某種特定文體的重要成分，他認為文本結構之教學必須包括文本結構的知識和運用這些知識的策略。文本的類型包括故事體（narrative）和知識性的說明文，說明文又包括描述特徵、序列、比較、因果和問題解決。本教材依據國中生在語文科和其他學科學習常用的文體，選擇故事體和描述性的寫人、寫景之記敘文歸納為記敘文，說明文則僅選擇特徵描述、比較對照和問題解決三種。

　　綜合上述，本教材之編製以文體結構知識為學習的主軸，再佐以識字、詞彙、句型、閱讀流暢性、文義理解、寫作等各個語文成分，統整成完整的語文補救教材，目標著重於增進學生的語文能力，以達到可以「閱讀、運用、思考書面文本」，來滿足個人現在或未來生活之需求。各種閱讀成分在整套教材安排的教學活動比重，全部六個模組都以文章理解最為重要，每個模組為教導文體知識所編製，因此所占比例最多；識字、句型的策略練習則普遍在記敘文文體模組一～三中呈現，所占比例最少；而詞彙、流暢性、寫作、做筆記和自我監控策略居中，在每一個模組中都有教學活動，並且會安排在不同節次的教學中。上述語文學習成分在本教材所設計的閱讀策略活動特作表 1 對照，讓讀者加以了解。

表 1　國中語文精進課程使用之語文學習成分及策略對照表

語文成分	策略
一、識字	形音義連結、組字規則
二、詞彙	閱讀監控、詞彙策略、詞彙網絡、擴展詞彙
三、句型	照樣造句、換句話說、連接詞造句
四、流暢性	（文章）流暢性
五、文章理解	預測、理解監控、文體知識、摘要大意、內容深究（文意理解）、自我提問、由文本找支持的理由
六、寫作	建立詞庫、描述手法、擬稿（打草稿）、檢核
七、其他	做筆記、自我監控、擴充閱讀

　　本書將在以下的每個章節中，對每個成分之閱讀策略做解說，並佐以教材所設計之作業單實例或教師手冊內的教學流程，讓讀者了解每個策略是怎麼運用的，接著再以 Q&A 的方式呈現教學現場教師所面臨的困境與教學調整，這些 Q&A 係來自過去幾十位教師在使用過程中，所提出來的問題和實際採用的調整方式，期待在以理論、實例和使用者的經驗三者來解構本教材，讓讀者更能習得如何實施有效的語文補教教學。

第一章　識字

　　識字是將國字的形、音、義做正確連結，識字能力也是閱讀的基礎，對於國中學生的閱讀發展，九年一貫課程綱要規定識字量要在 3500～4500 字，而適合低成就學生的基本學習內容則規定國中學生是 2700～3500 字。根據研究，國中識字低成就學生的識字量是 0～2837 字，三個年級低成就學生的平均識字量是在 1710～1878 字（王瓊珠、洪儷瑜、陳秀芬，2007），所以，本教材主要採用的識字量訂在 2700 字（約是小四程度），主要是考慮能接近低成就學生的程度和實用性。

　　由於國字的特性，運用組字規則是學習國字的有效方法，運用表音性高的聲旁和部首能協助學生擴展識字量和學習組織形似的國字。此外，為了讓學生願意反覆練習但不阻止他的學習動機，特別設計一些有趣和變化的練習活動，主要是讓學生可以在形、音、義之連結能夠多元、有趣和有意義，以讓學生有機會把識字能力提升到不妨礙閱讀的基礎。

一、形音義連結

（一）教學設計

　　形音義連結策略是為了幫助學生能正確、流暢的連結字形、字音和字義，以減少學生「記得字的樣子（外形），但卻不會唸（讀音）」，或是「能唸出讀音，但寫錯、寫不出正確字形」等的讀寫字困難。

　　本教材主要是針對小四程度以上的學生，因此讀寫字不是補救重點，但因考慮部分學生的讀寫字能力較差，可能僅有小二（1600 字）、小三（2100 字）的程度，仍需要加強基本的識字能力，因此本教材在讀寫字作業中特別製作差異化之設計，設計彈性語詞作業單（彈性是指不一定要進

行的作業），並分成 A、B、C 三種不同難度，A 版是幫助學生連結形音義的「語詞練習單」，僅給有需求的學生使用；另外還有賓果，讓學生可以在遊戲過程中練習生詞的書寫及形音義連結。

1. 語詞練習單

　　語詞練習單就是要讓學生練習書寫生字詞的作業單，類似小學使用的硬筆作業簿。語詞練習單在本教材中屬於彈性語詞作業單的 A 版，提供給書寫有困難，仍須做簡單寫字練習的學生使用，如圖 1-1 所示。因為語詞練習單很簡單，所以教師可以讓學生帶回家做，或是在學生上課時的空白時間內完成（例如：學生還未到齊、未完成作業，或無法參與部分較難的學習活動，甚至是在教師處理課堂突發狀況時的等待時間）。

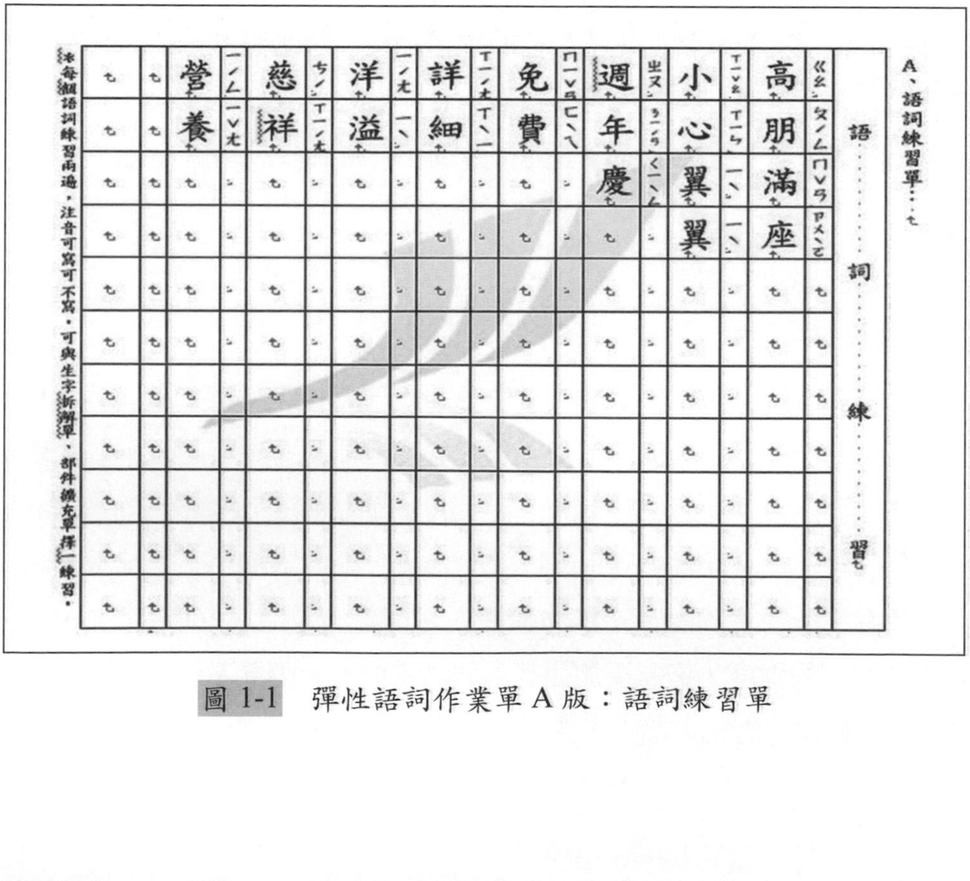

圖 1-1　彈性語詞作業單 A 版：語詞練習單

使用過的教師反應這個作業設計對部分學生來說很重要，例如：「發現學生在寫字的部分很弱，許多教過、練習過的字都忘記了，可能要像小學生一樣，每天練習寫才會記住吧」（102 新北教師，G7）。

2. 賓果

基於多數低成就學生仍有形音義連結不精熟的問題，本教材特別設計「賓果」遊戲，供教師作為每堂課聽寫考試，以賓果做包裝，看似遊戲。賓果主要是利用九宮格遊戲，讓學生練習聽寫，可以聽寫字或詞，如圖 1-2 所示。其操作方式很多：

(1) 最簡單的是由教師唸一個詞彙（或詞彙中的字，如「推銷」的「銷」），學生自由寫在自己的九宮格內之任一格，逐一填完九個格子後，由教師或學生抽字詞卡並唸出來，讓同學找出、圈出，並連線。

(2) 除了上述最簡單的操作方式外，還可以做以下變化：由教師設計一些問題讓學生找出答案，如問有「金」部首的字，或是有「肖」偏旁的字，或是有「ㄒㄧㄠ」音的字。

(3) 更高層的提問，可以問詞語的相似詞、相反詞等，或給解釋讓學生找詞。

不管哪一種玩法，賓果遊戲可讓最早圈連成一～二條線的學生，有權喊「賓果」，並贏得遊戲。教師還可以另外規定，沒有寫錯字，且能正確唸出自己連線字詞的學生，才會給予獎勵或加分。

如果要讓學生練習更多詞彙，也可以擴大用 4×4、5×5 的賓果方格，而發問的問題也可以讓學生輪流設計，把學習的主導權給學生，讓學生在輕鬆的遊戲過程中達到練習形音義連結的目的。

賓果遊戲是很多學生喜歡的活動，教師可以利用這個活動當作要求學生完成作業的獎勵，並安排在每節課之後的空白時間進行，僅需花費五分鐘時間，就可以兼顧獎勵學生認真上課和複習字詞的雙重效果。

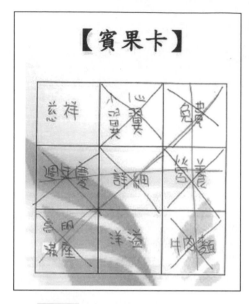

圖 1-2　賓果卡（練習詞）

（二）教師困境與教學調整

Q：學生喜歡賓果活動，教師還可以怎麼運用？

A：除了上面的活動之外，教師在第一次上課時可以利用賓果遊戲讓學生
　　認識同學的名字，在自我介紹之後，由學生填寫同學和教師的名字，
　　再利用基本資料讓學生找出人名。

二、組字規則

（一）教學設計

　　中文字字形結構的最小單位稱為部件，部件可以小至筆畫，大至獨體
字。部件在中文字內可以表義，也就是部首，例如：「水」、「竹」等，
也可以表音，例如：「肖」、「包」等，但也有不能表義或表音，卻常見
的，例如：「也」等。「也」出現在很多字，例如：「他」、「地」、

「池」等。部首表義和聲旁表音是學習中文字的有效策略，因此本教材將部件、部首和聲旁的規則依序設計在不同的作業單中，提供讀寫字困難的學生透過這些學習單加強上述規則的認識與運用。

　　本教材設計了「文字加一加」、「生字拆解單」、「部件擴充單」、「聲旁字網狀圖」、「找聲旁字」等五種學習活動。

1. 文字加一加

　　主要設計在模組 F 和模組一，作業單如圖 1-3 所示，讓學生能利用拆解部件的活動去熟悉字形的結構。

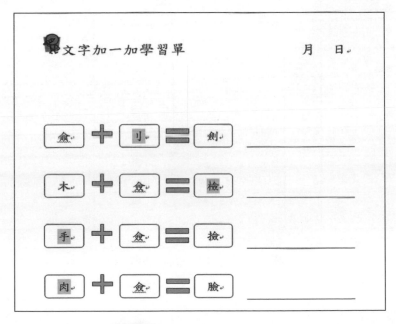

圖 1-3　文字加一加學習單

2. 生字拆解單

　　生字拆解單屬於彈性語詞作業單的 B 版，主要在給讀寫字困難較輕的學生練習，這些學生多半已經有部件的概念，但卻不會運用在多筆畫的字

形上。此作業單主要是在讓學生練習把字拆解成小部件，例如：「碗」可以拆成「石」+「宀」+「夕」+「㔾」，再合併成「石」+「宀」+「夗」，最後再合併成「石」+「宛」，作業單如圖 1-4 所示。

生詞	生字注音	生字拆解(請依順序)	生詞練習二次
例：兩「碗」	ㄨㄢˇ	(．石．)+(．宀．)+(．夕．)+(．㔾) =(．石．)+(．宀．)+(．夗．) =(．石．)+(．宛．)	
1.→高朋滿「座」		(．广．)+(人)+(人)+(土) =(广)+(．坐．)	
2.→小心翼「翼」		(．羽．)+(田)+(共．) =(．羽．)+(．異．．)	
3.→「週」年慶		(辵)+(冂)+(．土．)+(口) =(．辵．)+(．周．)	
4.→免「費」		(．弗．．)+(．貝．．)	
5.→詳「細」		(．糸．)+(．田．．)	
6.→洋「溢」		(．水．．)+(．益．)	
7.→「慈」祥		(丷)+(一)+(幺)+(幺) +(心)=(．茲．．)+(．心．)	
8.→「營」養		(．火．．)+(．火．)+(．冖．．)+ (．呂．)	

圖 1-4　生字拆解的學習單

3. 部件擴充單

部件擴充單屬於彈性語詞作業單的 C 版，主要是在給字形沒有問題，但容易寫錯別字的學生練習，讓學生對某一部件所組合的各種字進行網狀之連結，作業單如圖 1-5 所示。

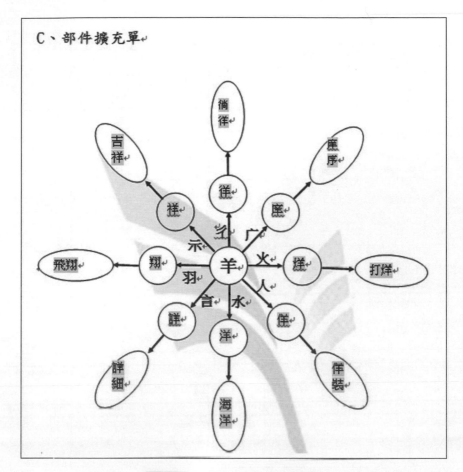

圖 1-5　部件擴充的學習單

4.聲旁字網狀圖

　　在每課教學文均有此作業單，是與「部件擴充單」類似的網狀圖設計，其差別在於：聲旁字網狀圖選用的字根是聲旁，主要是在讓學生練習如何利用網狀把同音的相似字做整理和區別，作業單如圖 1-6 所示。

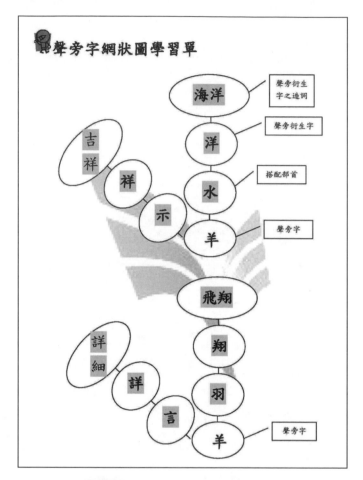

圖 1-6　聲旁字網狀圖學習單

5. 找聲旁字

　　本教材是在半自學文或全自學文的課文中沒有安排生詞教學活動，且這些課主要是希望學生利用前面所學的字詞策略，在本課自行運用。因此，本教材在這些課文設計找聲旁字的學習活動，教學流程如表 1-1 所示。

另外，為了鼓勵學生利用部首、聲旁連結的方式增加自己的識字量，本教材特別設計國字銀行，讓學生自己利用課餘時間，把課外所學的生字一併存入自己的識字存摺。國字銀行的設計說明詳見第七章。

表 1-1 找聲旁字教學流程

> 教材出處：模組一第三課〈聰明反被聰明誤〉
>
> 三、生難字詞教學
> 　　1. 找出生難字詞（此處省略）。
> 　　2. 字詞教學策略（此處省略）。
> 　　3. 找聲旁字（如有時間可進行）。
> 　　　老師請學生找出本課課文內的聲旁字，並進行聲旁字擴充。
>
> 　　　※例如：估（估算）的聲旁字「古」，其它可擴充的聲旁衍生字有
> 　　　姑、咕、沽、菇、鴣、鈷、故、固、錮。

（二）教師困境與教學調整

Q1：太多活動沒有時間進行，怎麼辦？

A：有教師反應太多讀寫字活動，教學時間不夠，例如：「只教了一種，像文字加一加，主要考慮學生程度不好，其他聲旁網狀或部件擴充之進階活動，學生需要較多時間引導（提問），上課時間不允許」（102新北教師，G7）。

本教材組字規則的學習活動確實提供多種，但針對不同的程度，時間不夠讓教師進行所有活動，教師可以依據學生程度和教學進度選擇，在課堂說明幾種之後，有些作業單可以讓學生自行完成，只要做加分鼓勵學生自學，不需要另外安排上課時間。

Q2：學生在看聲旁字的意思時，只能直接造詞，是否就可以了？

A：造詞是表示字義的一種評估，學生如果造得出正確的詞，表示已有該字的字義概念，如果無法解釋該詞的意義或造句，表示學生的字義理解還在死記階段。因為詞義理解有不同的程度，為了加深學生的理解，可以運用推測新詞策略去鼓勵學生利用部首和上下文句子去猜看看可能的字義，或是去找在哪裡用過這個字詞的文句，非必要時，才讓學生去查字典看解釋。

Q3：如果學生喜歡這些活動，教師可以做哪些調整？

A：學生對組字規則的作業很有興趣，教師就可以鼓勵學生使用「國字銀行」，請學生回家把在其他讀物所習得的生字之聲旁寫在「國字銀行」上，並寫出該聲旁的衍生字，再寫出聲旁衍生字的注音、部首、造詞。在國字銀行增加存字的學生就額外給予加分。學生也可以查字典去填寫國字銀行，但需要注意學生是否了解這些字詞的意義，不要鼓勵僅是無意義的抄寫。

在學期後半段，可能會因學校的回家功課變多，導致學生無法完成想要額外加分的作業，這時教師可以鼓勵學生利用課堂內的空白時間做國字銀行。調整重點在於教師需善用學生喜歡、且有能力自行完成的學習活動，引導（提問）學生利用課外時間自行進行，教師僅要給予鼓勵、持續支持學生即可。

Q4：學生看不出部首的差異，怎麼辦？

A：學生看不太出部首間的差異，造出來的詞也多是同音異字，例如：目標字是「詳」，學生一開始不會唸這個字，無法造詞，但學到聲旁字之後會唸出「詳」的發音，但卻造出「吉祥」一詞。這時教師可以考慮多增加部首認識和擴充學習活動，讓學生有機會了解部首的字形演

變及部首之意義，並讓學生練習利用部首來區分形似、音似的字。

所以上述字詞組字規則的活動應該依據學生的狀況，也就是依據學生的反應診斷學生的需求後，再增減活動和時間，才能滿足學生的學習。

第二章　詞彙

　　詞彙是語文中有意義的最小單位。中文字有些可以成義，例如：大、車、鷹，此稱之為單字詞，但有些是不成義的單字，例如：葡、垃。中文的字詞在英文上的對應不同，不成義的字在英文稱為 character，成義的字才能對應英文的word，所以本章所談的詞彙就是英文的word。中文習慣使用雙字詞，所以也會把單字詞變成雙字詞，例如：車子、桌子、老鷹、老虎，這些雙字詞和其單字詞的意義是一樣的。

　　詞彙學習的主要目標有詞彙意義、詞彙網絡的建立和擴展詞彙。學習詞彙意義的最好方式是跟學生已知道的口語詞彙連結，例如：「文化」一詞，學生早已經知道「青少年文化」、「文化中心」、「復興中華文化」等短語中的詞彙，由已知的知識去了解詞彙意義，會比背誦抽象的解釋容易理解。因此教導詞彙時，先讓學生探索自己在文章中的哪些生詞是知道的，哪些是不知道的，這就是閱讀監控（monitor）。本教材在詞彙意義的教學中，先設計閱讀監控活動，再進入詞彙意義的教學；詞彙意義的教學包括詞彙策略，也就是推測詞意的策略。

　　詞彙的理解與活用需要學習者建立一個詞彙網絡，因此本教材在生詞的教學上不限於單一的意義，而是希望透過相似、相反詞和句子的運用，來建立詞彙意義的網絡，以讓學生對詞彙意義有深度的了解。此外，也可利用「詞彙聯想」、「詞素擴充」之學習活動來幫助學生建立詞彙網絡。

　　擴展詞彙主要是能幫助學生有意義的組織所學的詞彙，以便在理解或書寫表達時使用，例如：相近詞的連結和區分，如含有「口」的詞有哪些？有什麼不一樣？或是相同主題的詞，例如：「國際交往」的詞彙。本教材依據文本內容的詞彙設計有四種策略，主要包括：閱讀監控（詞彙探索）、

詞彙策略、詞彙網絡、擴展詞彙等，運用說明如下。

一、閱讀監控

（一）教學設計

　　詞彙的閱讀監控策略是指讓學生探索詞彙，也就是讓學生評估自己對字詞的熟悉程度。本教材在每個模組的第一課教學文中，都會有預先設定好的4～6個教學詞，教師在進行生詞教學活動前，會先請學生在課文中圈出教學詞，接著再用生詞卡進行生詞教學。而在第二、三課的半自學文、全自學文中，因為沒有預設的教學詞，所以學生必須自己決定自己的生詞，並在課文中圈出來。因此，教師在第一次的課文朗讀時，應先請學生一邊朗讀，一邊留意課文中是否有看不懂意思的生詞，並請學生把這些不懂的生詞圈出，以引導學生做生字詞監控。這個教學活動即是鼓勵學生運用閱讀監控策略做生字詞學習，教學流程如表 2-1 所示。

　　學生實作的圈詞活動如圖 2-1、2-2 所示。圖 2-1 是模組一的教學文，學生把教師給的生詞（預設好的教學詞）圈起來，並旁註注音和解釋；圖 2-2 是學生在半自學文中所做的圈詞。

表 2-1　不同教學量課程的字詞監控教學流程舉例

教材出處：模組一第一課〈兩碗牛肉麵〉（教學文）

三、課文生詞活動

1. 詞義教學：老師拿出本課所有詞卡，介紹生詞有哪些，並請學生從課文中尋找，把生詞圈起來，以下每個教學生詞依照 A 至 G 的順序教學。請學生使用「幫忙找朋友」作業單做生詞的筆記。（造句可回家寫）

本課教學生詞：高朋滿座、小心翼翼、週年慶、免費、詳細、洋溢
本課自學生詞：慈祥、營養

教材出處：模組一第三課〈聰明反被聰明誤〉（半自學文）

三、生難字詞教學

1. 找出生難字詞

一邊朗讀一邊請學生推薦生詞，老師將生詞寫在黑板上，學生若沒有圈出預設的教學詞，老師再自行放上，以 10～12 個教學詞彙為原則。

教材出處：模組一第四課〈我們的愛有多大限度？〉（全自學文）

三、圈選生難字詞

一邊朗讀一邊請學生推薦生詞，老師將生詞寫在黑板上，並引導學生運用第三課中的字詞策略（析詞釋義、用聲旁猜）來理解詞義。如有時間，老師可依照學生的個別情況使用詞語彈性作業單給學生練習字詞。

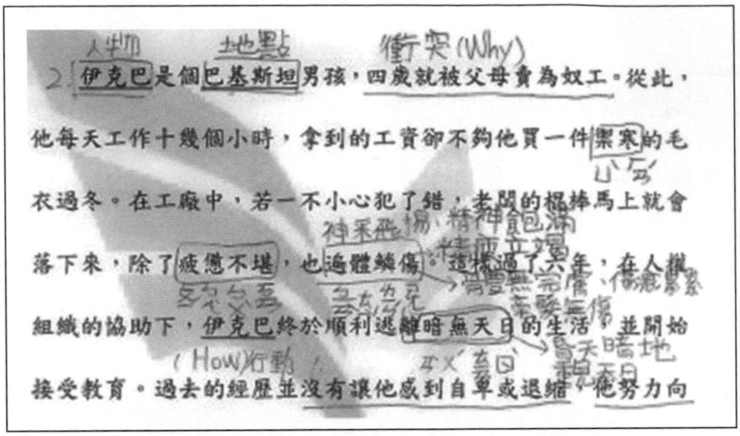

伊克巴是個巴基斯坦男孩，四歲就被父母賣為奴工。從此，他每天工作十幾個小時，拿到的工資卻不夠他買一件禦寒的毛衣過冬。在工廠中，若一不小心犯了錯，老闆的棍棒馬上就會落下來，除了疲憊不堪，也遍體鱗傷。這樣過了六年，在人權組織的協助下，伊克巴終於順利逃離暗無天日的生活，並開始接受教育。過去的經歷並沒有讓他感到自卑或退縮，他努力向

圖 2-1　學生實作圈詞活動：教學文

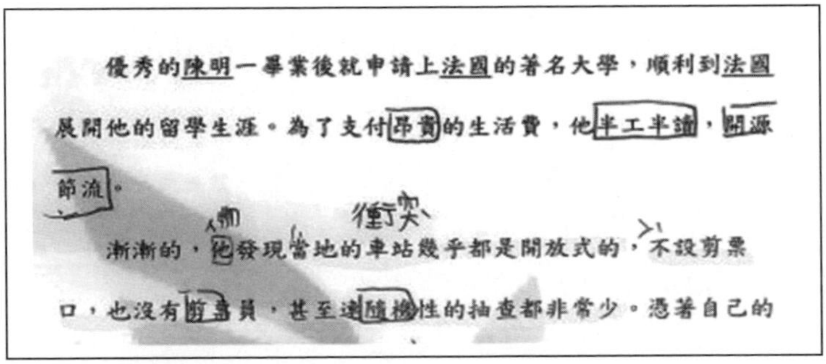

優秀的陳明一畢業後就申請上法國的著名大學，順利到法國展開他的留學生涯。為了支付昂貴的生活費，他半工半讀，開源節流。

漸漸的，他發現當地的車站幾乎都是開放式的，不設剪票口，也沒有剪票員，甚至連隨機性的抽查都非常少。憑著自己的

圖 2-2　學生實作圈詞活動：半自學文

（二）教師困境與教學調整

Q1：學生不了解找生詞活動的意義時，怎麼辦？

A：當學生不了解找生詞活動的意義時，教師請學生模仿教師，說：「如果你是老師的話，你會認為哪些是重要的生詞？」有學生提出太過於簡單的生詞時，其他同學可能會認為那是國小水準的生詞，或者是大家都知道的詞，不用再學了，就不能做為生詞。此時教師可以用全班

討論的方式來決定，目的在確認是否每位學生都知道這個詞的意思，不應該因為簡單而不教，很多簡單的詞彙可能是常用的，更值得學生學習。多幾次類似的討論就可以漸漸讓學生了解何謂找生詞的活動。

Q2：學生不會找生詞，怎麼辦？

A：在學生朗讀之後，表示不知道要找哪些生詞，所以只找了2～3個生詞。此時教師可以請同學把自己圈的生詞寫在黑板上，並蒐集大家的生詞，再請學生一起讀，並問學生知不知道意思？會不會回答？如果是不會的詞就請學生增加在自己的生詞卡中，並圈起來。如果學生真的選太少，教師可以先預選一些，在學生詞彙都出來之後，提供這些生詞問學生，如果學生不會，就幫學生增加進去。多做幾次這樣的活動，學生就會慢慢學到如何順暢地找生詞，以及完成找生難字詞後的「幫忙找朋友作業單」。

很多研究發現：低成就學生在閱讀時不易判斷自己會不會，也就是自我監控較差，所以持續進行類似的活動可以促進學生對閱讀的自我監控。

Q3：學生偷懶，只圈出很少的生字詞時，怎麼辦？

A：教師在帶領學生概覽全文時，若學生只圈出很少的生難字詞，並且表示自己都會了，此時教師可由文中選出一些詞一一檢核詢問，例如：「冒然」、「開源節流」等生詞，如果學生回答不出來，就可以請學生把這些詞加入生字詞中。

二、詞彙策略

（一）教學設計

　　詞彙策略主要是在訓練學生可以去推測新詞。本教材設計有兩種：「析詞釋義」、「由文推詞義（用上下文猜）」，但本教材在推測新詞時還會使用前一章的組字規則，並教導學生「用部首猜」、「用聲旁猜」，以處理生詞中的生字。因此建議教師在教語詞時，不應只限於語詞的知識，例如：意義（析詞釋義）、句子網絡（由文推詞義「用上下文猜」），還需要教導學生面對生詞時可以運用的策略。在實際的教學現場中，有教師反應學生學會這些策略之後，當他在讀閱讀理解測驗的文章時，就會利用這些策略去解決生詞的問題，以達到獨立閱讀，這也是本教材的主要目標。

1. 析詞釋義

　　中文字的特點是一形一音一義，運用在詞彙學習上，如果有意義組合的詞彙，教師可以教導學生把詞彙拆開來推測單獨字的意思，再把單獨字的意思組合起來，而構成組合詞彙的意思，這就是析詞釋義的策略。主要是因為中文裡有很多合成詞是由兩個或兩個以上的詞素構成的詞，亦稱複合詞，所以析詞釋義很適合用在學習這種新詞，例如：本教材模組一第三課的生詞「隨機」，運用析詞釋義的策略可以這樣理解：隨是隨意或隨便（不固定），機是時機、機會，隨+機=隨意到的時機或機會，指不固定、不定時的意思。

2. 由文推詞義（用上下文猜）

　　由文推詞義是指把不懂的詞彙放到文本中，用上下文的前後脈絡來猜，藉由全文的文義來猜測詞彙的意思，例如：本教材模組二第一課的「大銀

幕」這個詞，如果是第一次讀到這個詞而不懂這個詞的意思時，則可以找前後文的脈絡來猜。「大銀幕」的原句是：「眼見台下觀眾愈來愈少，電影的觀眾卻愈來愈多——他想：與其跟呈現停滯狀態的舞臺一起沉默，不如忍痛離開熟悉的環境，投身大銀幕。」破折號前面的「台下」和「電影」是一組對比，台下是指劇團的舞臺，因此劇團的舞臺和電影就是一組對比；破折號後面講的「熟悉的環境」和「大銀幕」也是一組對比，熟悉的環境就是劇團舞臺，所以大銀幕就是指電影。這就是利用上下文的前後脈絡比對、推測而得知大銀幕的意思，圖 2-3 是本教材師訓研習的投影片說明。

詞彙策略（由文推詞義）☞用上下文猜 ★

把不懂的詞放到前後文的脈絡中猜猜看，藉由已知的前後文來猜測詞語的意思。

「大銀幕」的原句是：

「眼見 台下 觀眾愈來愈少，電影 的觀眾卻愈來愈多——他想：與其跟呈現停滯狀態的 舞臺 一起沉默，不如忍痛離開熟悉的環境，投身 大銀幕 。」

破折號前面的台下跟電影是一個對比，台下的「台」是指劇團的舞台，所以劇團舞臺和電影是對比；破折號後面講的熟悉的環境和大銀幕也是對比，熟悉的環境就是劇團舞臺，所以大銀幕就是指電影，這是利用上下文的比對推測出來的。

因此可以推測「大銀幕」就是指「電影」的意思。

圖 2-3　由文推詞義（用上下文猜詞義）的講解範例

（二）教師困境與教學調整

Q1：若詞語的意思無法在上下文的前後句子中推測出，怎麼辦？

A：在運用「由文推詞義」的策略時，有些詞語的意思並無法在上下文的前後句子中推測出來，例如：本教材模組一第四課的「邏輯」這個詞，「邏輯」是翻譯詞，我們用聲旁猜只能知道音，用部首和析詞釋義也不能告訴我們意思，因此可以試著用「由文推詞義」來猜。但在該課文中，「邏輯」這個詞的上下文脈絡不應限於語詞前後的句子，而可能要包括全文的前後段。該文章在上一段提到男子要趕回臺北，但卻向作者拿出臺中的假釋證明，且在本段提到，作者問他一些問題，他都支吾其詞、前後不一致，因此可以利用段落的脈絡推測原文：「我（作者）前後印證了他說過的話，就知道他是騙人的，用邏輯一連串戳破他好幾個謊話。」「邏輯」這個詞的意思是指「常理判斷所依據的規律」。

類似的語詞教導，可以讓學生學習文章上下文的連結常需要跨段落，可擴大讓學生理解文章不應只限於段落內的單位。

三、詞彙網絡

（一）教學設計

本教材中的詞彙學習之重點主要在協助學生建立詞彙網絡，也就是教導學生在學習詞彙時，可以透過單一詞彙做更多的擴充與延伸，主要有：「相似、相反詞代換」、「詞彙聯想」、「詞素擴充」等三種方式。

1.相似、相反詞代換

本教材在各模組第一課教學文的第一節課中都安排學生學習新詞，且認為課文新詞之定義不限於傳統的解釋，除了可以包括例句（文本脈絡）

以外，另外也可利用相似詞或同義詞讓學生理解新詞之意義，而如果有相反詞可供對比，也可以增加學生對語意概念的豐富性。在實際課堂教學時，教師可透過相似、相反詞的代換活動，讓學生體會語意的豐富性，再請學生使用「幫忙找朋友作業單」進行新詞的筆記和練習；上述之「幫忙找朋友作業單」如圖 2-4 所示。另外，本教材也提供生詞卡及 PPT 做為生詞學習的資源。

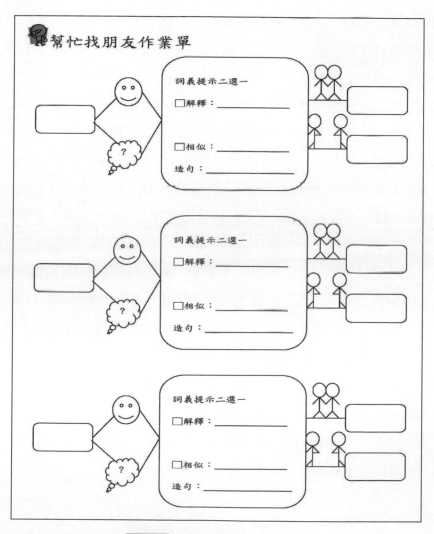

圖 2-4　幫忙找朋友作業單

2. 詞彙聯想

　　詞彙聯想主要是在擴充學生對詞彙理解的深度和廣度，主要是以九宮格的方式進行，有擴散式及順序式兩種。擴散式聯想是將要聯想的詞彙置於九宮格中心，當做中心詞彙，並請學生由中心詞彙出發，隨意聯想出有關的詞彙，一一填入其他八個格子中。全部填滿後，教師接著再引導（提問）學生進行詞彙的歸類與命名。歸類的原則是：把具有共同意義、共同概念的詞歸在一類，接著再請學生為這個類別命名。如果學生無法產出命名，教師可以用提問的方式引導（提問），例如可以問：「為什麼要把這些詞放在一類？這些詞都跟什麼有關？」只要學生能回答出這些詞都跟什麼有關，教師就可以判斷學生是否都懂得這些詞彙的意義，並引導學生產出概念命名。因此擴散式的詞彙聯想是藉由聯想、歸類、命名的過程，讓學生學習到更多的詞彙、累積自己的詞彙量，連結相似的詞彙，同時也可以讓學生自我檢測對該詞彙意義的了解程度。

　　順序式聯想同樣要先選出一個詞彙當作要聯想的詞，置於九宮格中心，並從這個詞彙聯想出下一個詞彙 A 詞，填入一個格子中，接著再把 A 詞當作要聯想的詞彙（不用之前選出的詞彙），聯想出 B 詞，填入下一個格子中，以此類推，直到把九宮格都填滿。由於是一個詞一個詞接續著聯想下去，因此稱為順序式聯想。把每一個聯想出的詞彙填滿九宮格後，就可以開始進行造句接龍或故事接龍。教師可以請學生用九宮格內的 1～2 個詞輪流造出完整的句子（造句接龍），如果是程度稍好的學生，教師可以請學生輪流用九宮格內的 1～2 個詞口頭說出故事，且故事前後的情節要連貫（故事接龍），用過的詞不能重複用，直到把詞彙用完、說完完整的故事為止。本教材的詞彙聯想學習單如圖 2-5 所示。

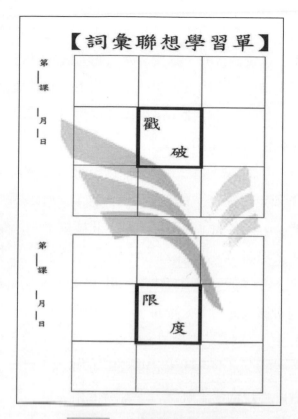

圖 2-5 詞彙聯想學習單

3. 詞素擴充

　　詞素是可以獨立運用造詞的最小單位。透過詞素擴充，有些造詞雖然是同樣的字，但意義不同，例如：走路、走味；但有些造詞，其單字貢獻的意義很強，不同的詞都有共同意義，例如：土星、星星、明星。學生一方面可以學習分辨「不同詞彙但有相同詞素」的詞之間意義的區別，也可以進一步練習不同詞彙的歸類與命名或辨識詞素的地位。

　　本教材中關於詞素擴充的教學活動有兩種：一是透過擴充、分辨意義的方式來進行；二是透過擴充、歸類、命名的方式來進行。第一種擴充、分辨意義是指預先選好一個詞素，並請學生利用這個詞素擴充新的詞彙，接著再說明這個新詞的詞義特徵，最後再分辨擴充後詞彙中的詞素意義，與預先選好的詞素意義是否相同，例如：在本教材模組四第一課〈太陽系〉中，以「太陽」、「星」做為預先選好的詞素，請學生擴充出「太陽○」、「○星」（○不限定一個字）的新詞，前者如：「太陽餅」、「太陽眼鏡」、「太陽能」，後者如：「明星」、「北極星」、「壽星」等。接著再請學生說出「太陽餅」、「太陽眼鏡」、「太陽能」、「明星」、「北極星」、「壽星」這些新詞的詞義特徵，最後再分辨「太陽」、「星」這個預先選好的詞素意義，與「太陽餅」、「太陽眼鏡」、「太陽能」這些新詞彙裡的「太陽」之意義是否相同，以及與「明星」、「北極星」、「壽星」這些新詞彙裡的「星」之意義是否相同。

　　練習完後教師可以向學生解釋，「太陽」和「星」都是詞素，是指宇宙中的星體，也是自然界的物體，但在擴充出的詞彙中，除了原本的詞素意義外，也有一種是與原本詞素意義無關的衍生意思，例如：「太陽餅」的「太陽」是指這種名產的外形是圓的，而「明星」、「壽星」的「星」是指主角、某一個耀眼的人之意思。教師在帶領學生進行詞素擴充的活動時，目的就是要協助學生把這些不同意義的語詞區隔開來，讓學生理解到詞彙間的差異，並能進一步運用精準的詞彙。上述學習單如圖 2-6 所示。

語文練習學習單

一、請用「太陽」和「星」造新詞，說明新詞的特徵（定義、解釋或舉出例子皆可以），並分辨新詞內「太陽」和「星」的意義是否與「太陽」和「星」的原義一樣。

1. 請用「太陽」造詞，說明該詞的特徵，並分辨詞義。

造詞		特徵說明	分辨詞義
太陽	系	是以太陽為中心的一系列天體的集合。	☑與原義相同 ☐與原義不同
	餅	一種圓形的甜點心，台中的名產。	☐與原義相同 ☑與原義不同
	神	希臘神話裡掌管世界的神。／中國神話裡掌管日出和日落的神。	☑與原義相同 ☐與原義不同
	眼鏡	具有防護強烈陽光照射眼睛作用的有色眼鏡。	☑與原義相同 ☐與原義不同
	能	太陽發出的光與熱等輻射能。	☑與原義相同 ☐與原義不同

2. 請用「星」造詞，說明該詞的特徵，並分辨詞義。（可用課本上的詞，但限寫兩個）

造詞		特徵說明	分辨詞義
恆	星	天空中會發亮的星體。	☑與原義相同 ☐與原義不同
明		在某個領域被大家喜愛及眾所周知的人。	☐與原義相同 ☑與原義不同
球		以打球為職業且受到球迷喜愛的運動員。	☐與原義相同 ☑與原義不同
北極		北極星是指最靠近北天極的恆星，是野外活動和航海辨認方向的一個重要指標。	☑與原義相同 ☐與原義不同
壽		在自己生日當天過生日的人。	☐與原義相同 ☑與原義不同

圖 2-6 詞素擴充語文練習學習單

　　第二種擴充、歸類、命名的方式是指預先選好一個詞素，並請學生利用這個詞素擴充新的詞彙，擴充方式可以在這個詞素前或後加字或詞擴充，接著再對擴充後的新詞做歸類，最後再請學生為這些類別命名，例如：本教材模組五第一課教學文中的「○取」、「○絕」、「絕○」教學活動，

用「取」、「絕」當作詞素，請學生擴充詞彙；模組六第一課教學文中的「○度」、「○鼠」教學活動，用「度」、「鼠」當作詞素再擴充造詞，最後再命名，皆屬之。以「○取」為例，表 2-2 為教案中的教學流程。

表 2-2　「○取」的詞素擴充與分類教學流程

三、詞彙擴充與分類
　1. 詞彙擴充：老師引導學生利用課文中的詞彙「榨取」來擴充詞彙。
　師1：【說明】在這一課中我們學到「榨取」這個詞，它的意思是指搜刮、剝削他人的利益，因為榨的意思是擠壓汁液，例如榨果汁，所以它有擠壓取得的意思，而榨取就引申為搜刮、剝削他人的利益，這是一個比較負面的詞彙。另外還要請大家注意，榨取也可以通手部的「搾取」，手部的「搾」和木部的「榨」是通同字。現在我們要利用「榨取」這個詞來學習更多和取有關的詞，大家想一想，除了榨取以外，還有什麼取呢？（自由發揮。奪取、騙取、盜取、巧取、智取、博取、領取、自取、提取、讀取、選取、錄取、拔取、備取、正取、聽取、可取、進取、攻取、換取、獲取、記取、挖取、竊取、輕取……。）
　※若學生答不出來，老師可以先在黑板上提示幾個詞語。

　2. 詢問意思
　師2：找出這些詞語後，老師想請問大家，這些詞語是什麼意思，例如：我們先看「奪取」這個詞，它的意思是什麼？（自由發揮。奪取是指某個人不經別人的同意而強制拿走別人的東西。）
　※若學生答不出來，老師可以請程度好的學生試試看或由老師自己解釋，以節省時間。每一個詞語都用這樣的方式詢問一遍，確定學生已經了解詞語的意義後再進行詞語分類。

表 2-2 「○取」的詞素擴充與分類教學流程（續）

---

3. 詞彙分類

師3：現在我們要來做詞彙的分類，我們先把這些詞一一寫在黑板上，然後大家一起來把這些詞彙分成幾類，分好類後，還要說明分類的理由是什麼。老師先來做示範。老師會把「奪取、騙取、盜取、巧取、竊取、博取」這六個詞歸在一類，因為這六個詞都跟從別人那裡拿到東西有關，也就是指某一個人從另一人身上用各種取得的方式拿到某一樣東西。所以老師會把這六個詞放在同一類中。接下來請你們來分類，並且要說明分類的理由。

※以下請學生實際操作，如果個別學生有困難，可以用分組的方式進行，老師再請各小組輪流發表。

※分類參考：①「奪取、騙取、盜取、巧取、竊取、博取」歸一類，與從別人那裡拿到東西有關；②「自取、領取、提取、選取」歸一類，與從地方、單位或機構拿到東西有關；③「錄取、備取、正取」歸一類，與用標準來選擇有關；④「可取、進取」歸一類，與人的處事態度有關。

（二）教師困境與教學調整

Q1：在進行相反詞代換活動時，有什麼策略可以應用？

A：相反詞代換較相似詞代換還要複雜許多，有些學生會說只知道句子唸起來怪怪的，但不知道如何調整，也很難由調整或更換來體會相反詞與原詞之相對關係。有鑑於此，教師可以提供以下三種策略給學生參考，讓學生更容易操作，亦即：

1. 用否定句替代。
2. 改變連接詞。
3. 在原句上另加否定句。

例如：本模組第一課生詞「高朋滿座」、「免費」及第二課生詞「迴響」的相反詞代換練習，如表 2-3 所示。

表 2-3　相反詞代換策略舉例

原句	1.用否定句替代
這家火鍋店每天都**高朋滿座**，很難訂到位子。	這家火鍋店每天都**門可羅雀**，不難訂到位子／不需要訂位。
原句	2.改變連接詞
今天是兒童節，遊樂園特別開放國小學童**免費**入園。	**雖然**今天是兒童節，**但**國小學童也要**收費**才能進入遊樂園。
原句	3.在原句上另加否定句
這本新書一推出，就得到許多迴響。	這本新書一推出，就得到許多迴響，幾乎**沒有反對**的聲音。

Q2：當學生找相似詞時，學生只會用造詞的方式說出，例如：找「解放」的相似詞，學生只會說「解開、解脫、放鬆、放縱」，而無法說出精確的、接近的相似詞時，怎麼辦？

A：當學生會利用語詞的字「解」或「放」去造詞，表示他們已經有「解」與「放」的概念，教師可以把所有「解」的詞放在一起，讓他們看到這幾個詞都有打開的意思；把「放」的詞放在一起，讓他們看到這幾個詞都有放任它（let it go）、不拘束的意思。再請學生把這些同類的詞放在一起做區分，問學生：「解開、解脫有什麼不一樣？」、「把放鬆和放縱放在一起比，有什麼不一樣？」從這個地方就可以比較出這四個詞都不適合當解放的相似詞。教師可以在這個時候讓學生知道為什麼不適合，最後教師再讓學生知道還有「解救」這個相似詞。這樣的過程雖有可能會讓教師覺得，不如直接給解釋背誦比較簡單不費時，但唯有透過這樣的教學，學生才能學會如何自己透過文章學習詞彙；所以要教學生方法，推測過程的示範是必要的，只要透過幾次示範，學生就能模仿。

Q3：相似、相反詞的代換及造句活動耗時過多，值不值得？

A：語詞的學習不應該只有在意思的記憶，其正確的意義應該由語句的脈絡來判斷，正如很多媒體報導學生錯誤的使用「音容宛在」、「罄竹難書」等詞，可見學生對於語詞的意思雖然能掌握，但卻很難掌握運用的語境和時機。如果真要讓學生學會如何應用語詞，那就應該從句子中學習。在教學現場，有教師提出造句活動的優點有三項：

1. 造句練習比想像中更耗費時間，但很能看出學生對詞語的掌握狀況。

2. 造句練習雖然花時間，但讓學生有很大的成就感。

3. 學生時常對於自己所造的句子沒有自信、不敢自己唸出，所以造句練習雖然花費相當多時間，但這個活動很能讓學生從短句中呈現自己的想法及語文能力，教師也有機會了解學生的程度和想法。

本教材主張教師教學時應該透過活動了解學生，因此重點應該放在教會學生語文能力而不是教完教材。如果能夠了解學生，又可以讓學生多練習其所不成熟的能力，教師可以在一旁指導，這樣的耗時是非常值得的，進度並不是關鍵。

Q4：在語詞代換的活動中，程度好的學生反應熱烈，程度不好的學生沒有反應，怎麼辦？

A：在語詞代換的活動中，學生需要有足夠的語文能力才能反應，如果教師判斷程度不好的學生可以回答這一題，那麼教師在點人時，可以把比較簡單的語詞活動讓程度不好的學生來回答。如果教師無法判斷學生有沒有能力回答，教師可以先讓程度好的學生回答，最後要求全班一起唸，讓程度不好的學生可以透過模仿句子來學習。也可以鼓勵程度不好的學生把造句的例子寫在「幫忙找朋友作業單」，甚至可以給予加點數鼓勵。

Q5：在語詞代換的活動中，班上有學生反應太慢，無法一面回答一面寫，
　　等活動完成後，卻不知道要填寫哪裡，怎麼辦？

A：如果班上只有少數學生有這樣的問題，可以讓學生先參與回答，等之
　　後有空白時間或分組時間時，教師再給予指導。或是先一起回答，看
　　鄰座的同學如何填寫，先模仿，之後再完整填寫，必要時教師再給予
　　指導。

　　如果多數學生有這樣的問題，建議教師每教完一個語詞，就空一段時間
　　讓學生填完，然後再進行下一個語詞。對於少數程度比較好的學生，
　　教師可以鼓勵他做語詞造句或語詞聯想，並給予加點數鼓勵。

Q6：教室沒有電腦設備怎麼教語詞？

A：用電腦PPT做生詞教學的好處是能夠提供視覺提示，但如果沒有電腦，
　　只要教師能善用詞卡，也有不錯的效果，例如有現場教師分享：「運
　　用詞卡（在黑板上造句）來做教學，不僅能吸引學生的注意力，對於
　　講授相似、相反詞意時，有非常大的幫助」（102 新北教師，G7）。

Q7：進行詞彙聯想活動時，學生的反應過於僵化，怎麼辦？

A：例如以「戳破」一詞做聯想，學生聯想出的語詞只有「紙張、氣球、
　　簿本」等同類的詞彙（指可以戳破的具體物品），這時教師應該給予
　　引導（提問），讓學生知道，除了具體的物品可以「戳破」之外，還
　　有抽象的對象也可以「戳破」，例如：謊言，或是也可以請學生聯想
　　「戳破」所使用的工具、形容「戳破」的形容詞等，以增加學生反應
　　的多樣性。

Q8：詞彙聯想活動後，學生無法有效的歸納語詞，怎麼辦？

A：語詞歸納主要是評量學生對語詞的了解，若學生無法歸納，就反應出
　　學生對語詞的了解不夠深入，教師可以引導（提問）把同一類型的語

詞放進來，例如：「哪些是可以被戳破的？哪些是用來戳破東西的工具？」教師的引導（提問）可以協助學生對語詞有比較深入的了解。如果學生可以歸納，但不知道所歸納的語詞是哪一種類型或特性，也就是無法用抽象的語詞去命名這組的特性時，教師可以引導（提問）：「這一些語詞都是什麼？」讓學生去描述，再把學生用的語句縮減成一個短語，例如：「這些都是用來戳破東西的工具。」先不要要求抽象語義的命名，以免命名距離學生的經驗太遠，讓學生無法理解，應以學生可以懂的說法為原則。

四、擴展詞彙

（一）教學設計

1. 近義詞

　　本教材中關於近義詞的擴展詞彙教學活動主要有三種：第一種是以同部首為擴展概念，即指定某一部首，請學生擴展同部首的詞；第二種是同字近義的區辨，教案中會設計一組有相同詞素、同字近義的詞彙，讓學生練習區辨這些詞彙；第三種是相同概念的擴展。以下詳細說明。

(1)以同部首為擴展概念的教學活動

　　例如：在模組五第二課的「口部動作、手部動作詞語的演技大挑戰」教學活動中，該課課文出現三個以上的口部動作和手部動作之詞語，因此在進行這個教學活動時，教師應先請學生找出課文中的口部動作和手部動作之詞語，接著再請學生輪流想出其他的口部動作和手部動作之詞語，最後再請學生上台表演這些動作，讓其他同學猜出這個表演的目標詞。這個教學活動以遊戲的方式做為包裝，實際上是要讓學生練習從部首擴展更多詞彙。上述教學流程如表 2-4 所示。

表 2-4　口部動作詞語擴展詞彙教學流程

四、演技大挑戰

1.呈現詞語：老師引導學生找出課文中口部動作的詞語。

師1：【說明】在這一課中我們會看到一些關於口部動作的詞語，現在我們要把它們找出來，而且待會會請同學輪流上台，把這些動作演出來。

師2：這一課裡有哪些口部動作的詞語？（吃、啄、叼、嘆。）

※教師可以呈現字卡或將字寫在黑板上。

師3：很好，那同學們再想想看，還有什麼口部動作的詞語呢？（自由發揮。吐、吼、吸、吹、吟、吞、含、呸、咆、呼、咳、哼、哽、哭、唱、啃、唧、喋、喊、喃、喘、喚、嗝、咬……。）

※如果學生回答的口部詞語不是動作詞的話，老師可以向學生說明口部的詞語不一定是動詞，也會有其他詞性。

師4：那這些詞語有什麼相似的地方呢？（都是口部。）

2.詢問意思：老師詢問課文中口部動作詞語的意思。

師5：接下來老師要問大家，課文中的口部動作詞是什麼意思，誰可以回答老師「吃」是什麼意思？（自由發揮。口中咀嚼食物後嚥下。吸、飲液體也可稱為吃。）

師6：很好，吃是一個通用的詞彙，只要是把食物從嘴巴中嚥下都叫做吃，不論這種食物是液體還是固體。

師7：那麼「啄」是什麼意思呢？（自由發揮。鳥類用嘴取食。）

師8：很好，所以「啄」這個詞只用在鳥類上，因為鳥嘴是尖的，所以當我們看到啄出現在文章中的時候，你就可以知道對象一定是鳥類。

師9：那麼「叼」是什麼意思呢？（自由發揮。用嘴啣物。）

師10：很好，所以叼可以用在人或鳥類上，例如我們可以說叼著一根香煙，或是鳥兒叼著小蟲，這都是指用嘴啣物的意思。

師11：那麼「嘆」是什麼意思呢？（自由發揮。呼出長氣。）

師12：很好，所以我們常常會說「嘆氣」或「嘆了一口氣」，這是一種感嘆的用法。

表 2-4 口部動作詞語擴展詞彙教學流程（續）

3. 演技挑戰：老師給情境請同學演出口部動作的詞語。

師13：接下來我們要來進行演技大挑戰，等一下要請每一個同學輪流
上台抽題目，然後請你把這個這個情境表演出來，讓同學猜看
看是哪一個口部動作的詞語。

※題目共 12 題，各題的題目情境如下。老師必須告訴學生回答時要
用精確的詞彙，不要用概括的詞彙（吃），老師也要向學生解釋如
果用「吃」並不是錯的，而是不夠精確。

①餓了一整個上午，學生們大口地「吃」著營養午餐。

②一隻小白文鳥嘴裡「叼」著一隻小蟲。

③啄木鳥輕輕地「啄」著樹幹。

④飢餓的他大口大口「啃」著雞腿。

⑤爸爸非常生氣地發出怒「吼」。

⑥妹妹得了重感冒而「咳」個不停。

⑦我唱完生日歌後「吹」熄蠟燭。

⑧跑完步後用力地「喘」著氣。

⑨大口「吸」出快要溢出碗外的湯。

⑩「咬」了一口饅頭。

⑪媽媽「喋喋」不休的教訓孩子。

⑫弟弟一邊玩遊戲一邊「喃喃」自語。

(2)同字近義的區辨

　　例如：在模組一第二課的「詞語辨認練習」，設計了「解除、解放、
解救」與「受邀、應邀、邀請」這兩組有相同詞素（解、邀）、同字近義
的詞彙，讓學生練習區辨這些詞彙意義的差別。該學習單如圖 2-7 所示。

語文練習學習單

一、 詞語辨認：

> 解放：釋放或是去除束縛，例：甘地是印度解放運動的知名領袖。
> 解除：消除，例：髮禁解除後，校園內頓時增加了許多時髦的學生。
> 解救：使脫離危險或困境，例：將人民從苦難中解救出來。

請就下列各題，填入「解放」、「解除」或「解救」：

1. 美國總統林肯主張廢除黑奴制度，經他努力後黑奴因此得以獲得（解放）。

2. 警方發動出其不意的奇襲，成功地（解救）人質。

3. 叔叔已經和房東（解除）契約，即將搬到新住處。

4. 這場大雷雨來得真是時候，（解除）了令人擔憂的旱象。

> 受邀／應邀：被動接受邀請，句型：主詞＋受邀／應邀＋動詞…
> 例句：他受邀／應邀參加這個餐會。
> 邀請：主動邀請別人，句型：主詞＋邀請＋受詞…
> 例句：他邀請家人一同參加社區運動會。

◎請就下列各題，填入「應邀」、「受邀」或「邀請」：

1. 我（受/應邀）參加他的慶生會。＝他（邀請）我參加他的慶生會。

2. 多位知名藝人（受/應邀）參與這場義賣活動。＝他們（邀請）多位知名藝人參與這次義賣活動。

3. 新同學（邀請）大家去他們家玩，我們（受/應邀）前往。

圖 2-7　詞語辨認學習單

(3) 相同概念的擴展

具體的教學設計有三：

A.直接指定一個相同概念，進行擴展詞彙與詞彙分類，例如：本教材模組二的「建立詞庫練習」，其主要目的是要幫助學生建立寫人的詞庫，在活動中，教師會請學生想出關於寫人的「外在」與「內在」之詞語，外在與內在就是這些詞彙的相同概念。當學生都想出詞彙以後，再對這些詞

彙進行分類與命名，例如：可以分成與相貌有關的詞彙、與個性有關的詞彙等。教學流程如表 2-5 所示。本教材模組三的建立寫景詞庫亦同。

表 2-5　建立寫人詞庫教學流程

二、建立詞庫

1. 分組競賽：請老師將學生分成 2～3 組，輪流想出描寫人物外在及內在的詞語，能想到愈多愈好，直到想出不來為止。

2. 詞語分類與歸納：請老師幫忙做詞語的分類與歸納，並引導學生做詞語配對，例如找出對立詞，高與矮、胖與瘦等。

※詞語分類與歸納舉例：

(1)相貌：濃眉大眼、明眸皓齒、唇紅齒白、眉清目秀、金髮碧眼……。

(2)表情：猙獰、和顏悅色、和藹、愁眉苦臉……。

(3)身材：高、矮、胖、瘦、窈窕、虎背熊腰、水桶腰……。

(4)膚色：白皙、黝黑、紅潤、蒼白……。

(5)整體形象：漂亮、美麗、艷麗、標緻、醜陋、帥、英俊……。

(6)性格：善良、天真、和善、兇狠、陰險、吝嗇、大方、溫柔、活潑、文靜、傲慢、獨立、懶散、機靈、冷漠、固執……。

(7)行為舉止：魯莽、衝動、笨拙、神經質、優柔寡斷、猶豫不決、明快……。

3. 完成我的詞庫單：請同學彙整今天所學到的詞語，並填寫到我的詞庫單中。

B.給一組相同概念的詞彙請學生區辨，例如：在本教材模組四第一課的「生詞教學活動」中，教師提供與自學詞「移民」有相同概念的其他詞彙：「遷徙、移居、搬家、遷居、喬遷」讓學生區辨，這些詞彙的共同概念為：從某一地移動到另一地，但其實各個詞彙的意義並不完全相同，教師就要引導（提問）學生區辨這些詞彙間細微的語意差異。教學流程如表 2-6 所示。

表 2-6　相同概念的相近詞分辨教學流程

三、課文生詞活動

　　1. 找出生難字詞（此處省略）

　　2. 字詞教學策略（此處省略）

　　3. 相近詞分辨：請老師帶領學生進行「一系列」和「移民」的相近詞
　　　分辨。

　　（1）一系列（此處省略）

　　（2）移民

師1：老師現在舉幾個詞，請大家分辨一下這幾個詞的差別：「遷
　　　徙、移居、搬家、遷居、喬遷」，大家說說看這幾個詞和一系
　　　列的差別在哪裡？（自由發揮。）

※若學生回答不出來老師可以邊解釋邊引導學生分辨差別。

師2：【說明】遷徙是指從某一地移動到另一地的意思，代表移動的
　　　過程。移居是指從某一地移動到另一地定居的意思，代表移動
　　　後定居。搬家是指從某一地移動到另一地居住的意思，代表移
　　　動後居住，跟移居的差別在於搬家有可能是定居，也有可能不
　　　是定居，還會再次搬家。遷居是指從某一地移動到另一地定居
　　　的意思，跟移居的意思一樣。喬遷是指從某一地搬到另一地居
　　　住的意思，跟搬家的意思一樣，但是喬遷是比較正式的書面
　　　語。移民和上面這些詞的意思最大的差別在於移民除了移動、
　　　到某地定居的意思外，還有國籍身分上的改變，例如：移民到
　　　美國，國籍就會變成美國籍。以後當我們看到有很多相近的詞
　　　語時，都要能學會分辨這些相近詞的語意差別。

　　C.請學生從課文中找出具有某個相同概念的詞彙，接著再對這些詞彙
進行意義分類，例如：在本教材模組五第一課的教學活動中，請學生從課
文中找出「與兩國關係有關」的詞語，接著再進行意義分類。教學流程如
表 2-7 所示。

表 2-7　「與兩國關係有關」的詞語之詞彙分類教學流程

四、詞彙分類

1. 選出詞語：老師引導學生找出課文中與兩國關係有關的詞語。

師1：【說明】在這一課中，我們會看到很多跟兩國關係有關的詞語，現在我們請同學一起把這些詞語找出來，找出來以後我們再幫這些詞語做分類，然後請大家一起來想一想這樣分類的理由是什麼。

師2：課文裡有哪些詞語與兩國關係有關？（自由發揮。支配權、擴張、殖民、使團、通商、外交、邦交、撫夷、剿夷、走私、抵禦、入侵、反抗、出兵、賠款、條約……。）

※學生找不出來，老師可以先在黑板上提示幾個詞。

2. 詢問意思

師3：找出這些詞語後，老師想請問大家，這些詞語是什麼意思，例如：我們先看「支配權」這個詞，它的意思是什麼？（自由發揮。支配權是指一方有指導、指揮另一方做某件事或聽任安排的權力。）

※若學生答不出來，老師可以教導學生利用課文中句子中的上下文意來做判斷。

師4：如果不知道的話，我們找出「支配權」這個詞是在原文中的哪裡？（當時的英國已經靠著先進的戰艦和為數眾多的商船取得海上貿易的支配權。）

師5：【說明】沒錯，這個句子是在講英國已經可以在海上貿易的領域裡占有一席之地，原因是因為英國有先進的設備和船隻的關係。所以我們就會知道，要用「支配權」這個詞，一定是要有一方當主角，並且在某一件事情或範圍內，這個主角有控制這件事或這個範圍的權力，所以我們可以用課文中的句子來推測這個詞語的意思，以後遇到不懂的詞都可以用這種方法試試看。

※每一個詞語都用這樣的方式詢問一遍，確定學生已經了解詞語的意義。詞語全部問完以後，最後再問學生是否還有課外的詞。

表 2-7　「與兩國關係有關」的詞語之詞彙分類教學流程（續）

師6：我們都了解這些詞語的意思，那還有沒有同樣也是與兩國關係
有關的詞，但是在本課裡找不到的呢？（自由發揮。談判、金
援、聯合國、和約、兄弟之邦、WTO、ECFA……。）

師7：很好，我們把這些詞語都加進來，跟前面在課文內找到的詞語
來一起做分類。

3. 詞彙分類

師8：現在我們要來做詞彙的分類，我們先把這些詞一一寫在黑板
上，並且寫出甲乙兩方代表兩國，然後大家一起來把這些詞彙
分成幾類，分好類後，還要說明分類的理由是什麼。老師先來
做示範。老師會把「擴張、入侵、出兵、抵禦、反抗」這五個
詞歸在一類，因為這五個詞都跟「武力」和「攻擊」有關，套
用在兩國關係上，也就是指某一國用武力去侵犯另一個國家，
而被侵犯的國家抵抗的意思，所以老師會把這五個詞放在同一
類中。接下來請你們來分類，並且要說明分類的理由。

※以下請學生實際操作，如果個別學生有困難，可以用分組的方式進
行，老師再請各小組輪流發表。老師可將各組發表的分類情形用畫
圖的方式表示，如下方所呈現的詞彙分類關係圖。

※分類參考：

①「擴張、入侵、出兵、抵禦、反抗」歸一類，與武力有關。

②「通商、貿易、走私」歸一類，與做生意有關。

③「撫夷、剿夷、殖民、支配權」歸一類，與兩國間的主從關係有
關。

④「邦交、外交、聯合國、使團」歸一類，與兩國間平行關係的有
關。

⑤「WTO、ECFA」歸一類，與國際組織和約有關。

※學生講多少算多少，歸類也不需窮盡，若學生說不出來，老師再引
導，可用教案中的例子引導。

2. 多義詞

　　多義詞就是一詞多義，也就是舊詞新義，所以同一個詞語在不同的上下文脈絡中，有不同的意思。本教材在每個模組的各課課文中都設計了多義詞教學活動，讓學生去體會不同的上下文脈絡中，一個詞語的多種意思。本教材的多義詞教學設計有兩種形式：第一種是用常見的詞素擴展並分類，例如：「下…」的詞素擴展，該學習單如圖 2-8 所示。第二種是設計多義詞學習單，讓學生先區辨不同的上下文脈絡中，該詞語的意義，接著再請學生用同一個詞語但不同的意思來造出不同語境的句子，該學習單如圖 2-9 所示。

（二）教師困境與教學調整

Q1：教師手冊裡提供的策略很好，但還有一些策略在手冊裡並沒有提供，
　　我可以怎麼使用？

A：本教材只提供上述四種策略（閱讀監控、詞彙策略、詞彙網絡、擴展詞彙）供教師參考應該如何進行詞彙的策略教學，但在實際教學時，教師應該要知道在教新詞時不要只教課本上的新詞，而是要根據新詞的特質，選用上述的策略讓學生練習去做詞彙的擴展，這樣學生的詞彙才能連結得更多。

　　尤其有一些新詞在意義上很簡單，但在運用上會有很多混淆，這時就要透過上述策略，讓學生把相同概念的語詞放在一起學習，用部首去擴展同一個概念，例如：當教師在本教材模組五第二課的教學中，教到有關口部動作的詞語時，可以告訴學生口部的詞語雖然都跟口有關，但還是有區分，如：在使用上會考慮「口腔大小」（例如：吸、喝）、「力度大小」（例如：啃、咬）的區分，或是有「動物特徵」（例如：叼、啄，叼可以用在人和鳥類，可以說人叼著香菸、鳥兒叼著小蟲，

多義詞學習單

※多義詞：一些簡單的詞在不同文章裡會有不同的意思，這個詞就是多義詞。請你利用下面的表格造出「下…」的詞語，接著再做分類及造句。

一、造詞（下…）

下麵	下鍋	下次	下回	下場
下午	下水	下游	下臺	下令
下課	下班	下鄉	下雨	下山

二、分類

詞語	分類原因
下麵、下鍋	與放入、投入有關
下次、下回、下游、下午	與後來的、後面的有關
下臺、下課、下班	與結束有關
下雨、下山	與從高而低、降落有關
下場、下水、下鄉	與進入有關
下令	與傳達有關

三、任選三個詞造句

1. 氣象報告說最近幾天都會下雨，所以出門一定要帶雨傘。

2. 哨音響起，每個選手紛紛下場比賽。

3. 每週末下午，媽媽都會到附近的國小跳土風舞。

圖 2-8　「下…」的多義詞學習單

多義詞學習單

　　請依據句子的上下文意判斷「落下」和「行動」的意思，再試著用不同的意思造出兩個句子。

一、落下：

(一) 判斷意思：(A) 降落、掉落　(B) 留下　(C) 落後

句子	意思
1. 在工廠中，若不小心犯了錯，老闆的棍棒馬上就會落下來。	(A)
2. 雪漸漸從空中落下。	(A)
3. 迷糊的客人在結完帳後落(ㄌㄠˋ)下了皮包。	(B)
4. 首次參加馬拉松的他，速度與其他選手相比還是落下一大截。	(C)

(二) 造句

句子	意思
1. 清晨時分，露珠緩緩從葉子邊緣落下。	(A)
2. 秦始皇因為焚書坑儒的行為在歷史上落下了罵名。	(B)

二、行動

(一) 判斷意思：(A) 行為舉止　(B) 為達到目標的一種作為　(C) 移動

句子	意思
1. 解放兒童的行動並沒有就此劃下句點。	(B)
2. 行動電話是現代人必備的生活工具。	(C)
3. 警方已經掌握了逃犯的行動，準備好一舉成擒。	(A)
4. 經過縝密的規劃後，我方決定對敵國展開軍事行動。	(B)

(二) 造句

句子	意思
1. 一過完年，姊姊就決定展開減肥行動。	(B)
2. 腳受傷的哥哥經過一個禮拜的休養，已經完全恢復了，現在走起路來行動自如。	(C)

圖 2-9　不同語境脈絡的多義詞學習單

但啄只能用在鳥類，只能說鳥啄樹木）的區分。透過這樣的區分，學生才能更體會到即使是簡單的詞彙，在使用上卻會因為語境的不同而有所差異，例如：吸與喝不同，吸果汁、喝果汁的意思不一樣；啃與咬不同，啃麵包、咬麵包的意思也不一樣。

有些教師也會把詞彙擴展的概念轉化、運用到寫作教學中，例如：在本教材模組三寫景寫作前的「建立詞庫」活動，假設寫作題目是「山居生活」或「校外教學」，這時教師可以讓學生先對某一個題目或主題想出詞彙，不同的主題學生所產生的詞彙會不一樣，例如：「山居生活」會想到「綠油油、悠閒自在、羊腸小徑、流浪狗、雞鳴、早睡早起、爺爺、奶奶」等。教師可以引導學生利用這些詞彙去做整理分類，例如：哪些是風景？哪些是人物？哪些是生活型態？接著再進一步做細部的區分，在同一類的詞彙內區分細微的差異，而學生在描述他所要描述的景物時，就會有比較清晰的概念。歡迎教師嘗試選擇這些策略，並運用在其他未提出的課文中。

Q2：當多義詞或語詞聯想時，想得太多而不知道怎麼分類和命名，怎麼辦？

A：語詞的分類應該是參考使用者的用途，教師不應該有一個標準答案，而教師手冊內提供的解答僅是參考，不需要完全照單全收，就如同每個人對圖書的分類應該以自己的需求為主一樣。

當學生第一次被要求分類時，他可能不知道什麼叫做分類，這時教師的引導很重要，教師可以先讓學生依據意思相同的做分類，如果學生分不出來，教師可以提供教師手冊上的類別名稱，或是提供教師認為符合學生生活經驗的類別名稱讓學生去分類，至於分類的名稱是不是要用抽象的語詞，例如：「功能、特徵」；或是用短語，例如：「做什麼、長的樣子」，都是可以的，其主要目的是讓學生了解語詞是可以

再做細分和歸納，即是一個概念下可以再分成幾個小概念。這個活動最重要的是要讓學生用自己聽得懂的詞彙做有意義的區分，這些有意義的區分才能夠讓他們正確的使用語詞，以及正確的了解作者對這篇文章用詞的選擇。

Q3：進行多義詞的詞彙擴展時，學生想出的語詞很少，甚至想到的都是同一類的詞，怎麼辦？

A：例如在「下」的多義詞活動中，請學生用「下○」來擴充，學生只想出：「下水餃、下湯圓、下麵條」時，此可看出學生受到原文中的語詞（下麵）影響而有固著的反應，這時教師可提供一個常見的語詞引導學生做不同的思考，例如：「下台」、「下課」、「下飯」這些都是常見的語詞，教師可以一邊寫出來一邊問：「下台可不可以？下課可不可以？下飯可不可以？」教師先提供這些語詞之後，再問學生還有沒有其他詞彙可以做不同的聯想，讓學生突破固著的侷限。

Q4：當學生在進行相近詞或多義詞造句活動時，經常會造出錯誤的句子，怎麼辦？

A：造句是讓學生了解詞彙運用的最好方法，學生因為語言能力不佳或閱讀經驗不夠，難免造出奇怪的句子，這時候教師應該立即給予修正，提供正確的例子讓學生模仿，而且不宜直接跟學生說這個句子是錯的，讓學生不敢嘗試而沒機會學到正確的句子。由於學生語文經驗少，更需要教師提供正確的示範，因此教師應採用立即示範的方式提供學生安全的學習環境，讓學生照著模仿，因為模仿是語言學習最重要的機制，讓學生有機會說出正確的句子表達自己想說的意思，是一個具有增強效果的經驗。

例如：在本教材模組一第二課「落下」的多義詞造句中，學生選擇「落

下」的三個意義中〔(1)降落、掉落；(2)留下；(3)落後〕的「落後」這個意義造出句子：「弟弟的成績比上次落下很多。」教師第一步宜先協助學生修正成：「弟弟的成績比上次落後很多。」這是意義相同，但用的語詞不同。教師讓學生照樣說一遍，接著再用其他的意思造出正確的句子：「媽媽看到弟弟的成績，手上的電話立刻就落下來了。」這是意義不同，用了相同的語詞。

再如：在本教材模組三「早年」的多義詞造句中，學生選擇「早年」的兩個意義中〔(1)多年以前；(2)春節以前〕的「多年以前」這個意義造出句子：「這間雜貨店已經很早年。」教師可以協助學生修正成：「這間雜貨店已經開了很久，早年時，外婆經常來這裡買東西。」

Q5：學生造句時的目標語詞過於簡短、在日常生活中不常聽到，或目標語詞太過抽象，導致學生難以完成造句，怎麼辦？

A：有些目標語詞過於簡短，或在日常生活中學生不常聽到，例如：本教材模組二第二課的「不薄」，導致學生難以完成造句，這時教師可把語詞擴充為學生比較熟悉的短語，例如：「待○（你或我）不薄」，這有助於學生了解詞語的意思而比較容易完成造句。

但有時過於抽象的語境有其限制，例如：本教材模組一第二課的「萌芽」這個詞，建議教師先用析詞釋義的方式解說，萌是萌發，發是發芽，都用在植物上，引申為初始、剛開始的發展，而且這種發展是靜悄悄的狀態。接著再回到課本上的原句：「剛萌芽的解放兒童行動並沒有就此劃下句點。」接著引導學生去想：什麼東西的成長可以用萌芽來形容？什麼東西的成長會很像發芽的樣子？學生一開始可能會想到夢想、希望等等的名詞，甚至讓學生用「剛萌芽的…」語詞去造句，學生就會比較容易造句。接著，教師再引導學生判斷適不適合之後，再讓學生去造句。

第三章　句型

　　句型是文本最短的表達形式，許多閱讀理解會直接由詞彙跳到文章，但就語文表達而言，很多低成就學生在句型的學習最感困難，如前一章的教師在詞彙學習活動中所看到學生的困難都與句型有關。只是對於國中學生的國文課學習很少像國小一樣，會讓學生練習句型，也不像英文一樣有系統的教導基本句型。本教材特地依據文本中的複雜句型設計教學活動，讓教師可以了解如何教導學生句型。主要的教學活動有三：以學習句型為主的「照樣造句」、以增進理解為主的「換句話說」、以複合句之組合為目標的「連接詞造句」。

　　因考慮補救教學的目標和時間，主要是在國中低成就學生所需要的語文學習目標，所以不考慮其他文學所需的句型或涵蓋所有基本句型，如果教師需要這些，可以參考本教材提供的這兩種教學方法，並運用在其他句型的教學設計上。

一、照樣造句

（一）教學設計

　　「照樣造句」是指從課文中直接選出某一個句子，請學生模仿該句子的句型造句。學生只需要練習代換其中的動詞或形容詞即可，此類似挖空填充的方式，這種模仿的型態是句子學習裡最基本的練習方式，也是最直接的學習方式，主要在讓學生練習句型結構。

　　例如：本教材模組一第二課的句型：「除了…也…」。課文中的原句是：「在工廠中，若一不小心犯了錯，老板的棍棒馬上就會落下來，除了

疲憊不堪，也遍體鱗傷。」教師在此可直接告訴學生有兩種代換方式，第一種是「除了＋（形容詞）…也＋（形容詞）」，第二種是「除了＋（動詞）（名詞）…也＋（動詞）（名詞）」。

再如本教材模組二第一課的句型：「並不是每（個）…都是真正…」。課文中的原句是：「並不是每個重要的決定都是真正重要的。」教師在此可直接告訴學生可以這樣代換：「並不是每（個）＋（形容詞）（名詞）…都是真正＋（形容詞）…」。

上述句型可搭配學習單讓學生練習，學習單的設計採取搭鷹架的方式讓學生逐步練習，增加練習量和獨立性，第一步即是找出文章裡用了該句型的句子，第二步是挖空格讓學生填充，最後才請學生自己造出完整的句子。上述的句型學習單如圖 3-1、3-2 所示。

二、 句型練習：

「除了…也…」
1.「除了＋（形容詞）…也＋（形容詞）」
2.「除了＋（動詞）（名詞）…也＋（動詞）（名詞）」

1. 從課文中，找出「除了…也…」的句型
   在工廠中，若一不小心犯了錯，老闆的棍棒馬上就會落下來，（除了）疲憊不堪，（也）遍體鱗傷。

2. 請完成句子
   例：難得的週末假日，我們全家一起出去走走，除了去動物園，也去圖書館。
   中秋節到了，媽媽帶我們到市場買東西，除了 ___買柚子___ ，
   也 ___買月餅___ 。

3. 造句
   _____

   _____

圖 3-1 「除了…也…」句型練習學習單

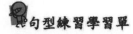

句型練習學習單

（二）照樣造句

> 句型：「並不是每（個）＋（形容詞）（名詞）…都是真正＋（形容詞）…」
> 例句：並不是每個（聰明的）（學生）都是真正（聰明的）。

1. 從課文中，找出「並不是每（個）＋（形容詞）（名詞）…都是真正＋（形容詞）」的句型。

   並不是每個（重要的）（決定）都是真正（重要的）。

2. 請仿照以上句型，完成下面的句子。

   並不是每（本有趣的）（故事書）都是真正（有趣的）。

3. 請仿照上面的句型造出一個完整的句子：

   並不是每個真心的朋友都是真正真心的。

圖 3-2 「並不是每（個）…，都是真正…」句型練習學習單

二、換句話說

（一）教學設計

　　「換句話說」是指兩個句型之間的互相轉換，這兩個句型所表達的句子意義是一樣的，因此可以互相轉換，而這種句型練習的難度在於必須要完全理解原句的句義，才能用另一個句型的說法替代，因此「換句話說」主要在增進理解和表達。

　　例如：本教材模組三第一課的「由比較級轉換成最高級」之練習，句型是：「沒有任何A…像／（比）B…」，課文中的原句是：「沒有任何美景像山頂的日出一樣壯觀。」這是比較級，要讓學生轉換成另一個句型：「B是所有A中最…」，也就是改寫成：「山頂的日出是美景中最壯觀的」，這是最高級。教師在教學的時候，要先解說原句型的意義，然後再示範如何用另一個句型替代，最後再讓學生自己練習。因此，要先讓學生知道原句型所表達的意義是：B事物在A事物中是最佳的或最好的，在學生理解之後，接著再引出另一個要代換的句型：「B是所有A中最…」。學生在兩個轉換的句型間能夠正確運用時，最後再請他們自己造句。上述的句型學習單如圖3-3所示。

句型練習學習單 B

> 句型：由「比較級」的句型轉換成「最高級」的句型
>
> 「沒有任何 A……像、比 B……」表示 B 事物在 A 事物中是最佳或最高層級。
>
> 改寫：「B 是所有 A 中最……」
>
> 例句：沒有任何動物像長頸鹿長得一樣高。
>
> 　　　A－ 動物　　B－ 長頸鹿是最高層級
>
> 改寫：長頸鹿是所有動物中最高的。

1. 從課文中，找出「沒有任何 A……像、比 B……」的句型，

   並且將「比較級」的句型並改寫成「最高級」的句型。

   ● 課文句型：沒有任何（美景）像（山頂）的日出一樣（壯觀）。

   　　改寫：山頂的日出是美景中最壯觀的。

2. 請完成以下句子：

   ● 全班同學中沒有任何一個人比阿貴力氣更大。

   　　改寫：阿貴是全班的同學中力氣最大的。

   ● 玉山是台灣的山岳中最高的。

   　　改寫：台灣沒有任何一座山岳比玉山更高。

   ● 建民是整個球隊的投手中最屬害的

   　　改寫：整個球隊沒有任何投手比建民更屬害

1

圖 3-3　比較級轉換成最高級的句型練習

三、連接詞造句

（一）教學設計

連接詞常用來連接句子與句子，或是段落與段落，它的主要功能在於能夠讓讀者了解句子前後或段落前後的關係是什麼，以進一步幫助讀者更精確的掌握文章意思。本教材的連接詞句型練習出現在兩處：一是模組二第一課的「與其 A 不如 B」的練習；二是模組五彈性課程三中，以一節課的時間讓學生完整的練習常見的連接詞用法。

在「與其 A 不如 B」的教學中，教師應先告訴學生句型中的 A 與 B 分別代表兩種選擇，而且 B 是比較重要的。接著，再請學生依照學習單上提供的句型提示，自己想出兩個選擇，並分辨哪一個比較重要，以完成短句，最後請學生自己用「與其 A 不如 B」的句型造句。學習單如圖 3-4 所示。

在模組五彈性課程三的教學中，教案設計以一節課的時間讓學生完整的練習常見的連接詞用法，安排的內容包括：(1)分辨文章中並列連接詞和轉折連接詞的差異；(2)討論連接詞的句子前後之關係並歸類；(3)完成連接詞的配合題及造句練習。上述的第一個活動內容是教師用提問方式讓學生自由發言；第二個活動內容是採用小組討論的方式，讓同儕之間互相激盪學習，再完成連接詞歸類學習單；第三個活動內容則是學生個別練習，運用今日在課堂上學到的常用連接詞完成造句。以上練習內容的設計主要是由簡單到困難，由小組討論擴展到學生獨立練習，學習單如圖 3-4、3-5、3-6 所示。

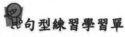句型練習學習單

（一）連詞造句

> 句型：「與其 A 不如 B。」表示 B 的重要性大於 A。
> 例句：選擇 A—和媽媽逛街。選擇 B—在家寫作業。比較重要的選擇—B
> →我與其和媽媽逛街，不如在家寫作業。

1. 從課文中，找出「與其…不如…」的句型。

　　我（與其）跟呈現停滯狀態的舞台一起沉默，（不如）忍痛離開熟悉的環境。

2. 現在孫越有兩個選擇：A—被動地等待，B—主動地做決定。孫越覺得 B 比較
　　重要。請根據他的想法完成以下句子。

　　　孫越認為，與其　　被動地等待　　，不如　　主動地做決定　　。

3. 請想出兩個選擇，並比較出你覺得重要的選擇。

　　　選擇 A—責怪別人　選擇 B—檢討自己。比較重要的選擇—B（請填 A 或 B）

4. 請用上面的選擇完成句子：與其　責怪別人　　，不如　檢討自己　　

5. 請仿照上面的句型造出一個完整的句子：

　　　與其讓自己未來後悔，不如現在努力的去執行　　　。

圖 3-4　連接詞句型練習學習單

連接詞歸類學習單

一、請找出第一課課文裡的連接詞，並依據連接詞的不同功能做歸類，並填在下表右方的欄位中。

類型	連接詞
並列	並且、並、同時
轉折	但、但是、雖然…但是。
遞進	進而、不僅…更、更是
因果	因為、由於、因此
目的	為了
承接	接著、於是、從此

二、以下還有四種常見的連接詞類型：「比較」、「條件」、「選擇」、「假設」，請你在下面的9個句子中先圈出連接詞，並且判斷連接詞的類型，最後將適合的連接詞類型的代碼填在後方的欄位中。

(1)比較　　(2)條件　　(3)選擇　　(4)假設

句子	連接詞類型
範例:假如能夠事先作好準備，現在就不用臨時抱佛腳了。	4
1. 只要能順利拿到這只合約，公司就能度過難關。	2

1

圖 3-5　連接詞歸類學習單

連接詞配合及造句練習

一、下表中有 10 個常見的連接詞和 20 個分別在 AB 兩欄的短句,請你在 10 個連接詞中選一個連接詞,把 AB 兩欄的短句合併成一個長句,並將長句寫在下方第二頁的格子中。

(1)同時　(2)雖然…但是　(3)不僅…更　(4)所以　(5)為了 (6)一旦…即使　(7)與其…不如　(8)不是…就是　(9)如果 (10)只要

題號	句子(A 欄)	句子(B 欄)
1	他是花店老闆。	他是社區委員會的幹事。
2	我們失去了健康。	賺再多錢也沒有用。
3	飲料店的生意很好。	老闆決定多請幾個工讀生幫忙。
4	夏天待在冷氣房很舒服。	偶爾也要出門曬曬太陽。
5	那位企業家捐款資助孤兒院。	企業家定期到孤兒院擔任義工。
6	爸爸想讓我們有更好的生活。	爸爸兼了兩份工作。
7	煩惱交不出作業。	趕快去請教同學或老師。
8	平常養成運動的好習慣。	就可以保持身體健康。
9	媽媽沒有忘記帶鑰匙。	就不會進不了家門。
10	姊姊這學期的總成績拿到A+。	姊姊上學期的總成績拿到A。

1

圖 3-6　連接詞配合及造句練習學習單

	完整句子
1.	他是花店老闆，同時也是社區委員會的幹事。
2.	一旦我們失去了健康，即使賺再多錢也沒有用。 如果我們失去了健康，賺再多錢也沒有用。 只要我們失去了健康，賺再多錢也沒有用。 （任一個皆可）
3.	飲料店的生意很好，所以老闆決定多請幾個工讀生幫忙。
4.	雖然夏天待在冷氣房很舒服，但偶爾也要出門曬曬太陽。
5.	那位企業家不僅捐款資助孤兒院，更定期到孤兒院擔任義工。 那位企業家不是捐款資助孤兒院，就是定期到孤兒院擔任義工。 （任一個皆可）
6.	爸爸為了讓我們有更好的生活，兼了兩份工作。
7.	與其煩惱交不出作業，不如趕快去請教同學或老師。
8.	只要平常養成運動的好習慣，就可以保持身體健康。 如果平常養成運動的好習慣，就可以保持身體健康。 （任一個皆可）
9.	如果媽媽沒有忘記帶鑰匙，就不會進不了家門。 只要媽媽沒有忘記帶鑰匙，就不會進不了家門。 （任一個皆可）
10.	姊姊上下學期的總成績不是拿到 A+，就是拿到 A。

2

圖 3-6　連接詞配合及造句練習學習單（續）

（二）教師困境與教學調整

Q1：在進行句型練習時，有什麼方法可以讓課堂氣氛更活潑，學生更容易投入？

A：在進行句型練習活動時，教師可以事先準備好小紙卡讓學生練習造句，例如：在「除了…也…」的句型練習中，教師發兩張紙卡給每一位學生，請學生在其中一張紙卡上寫修飾的語詞（形容詞），另外一張卡上寫動作（動詞），接著找一位學生隨意選擇剛才他所寫的形容詞或動作來發表，再點一位學生想出可以配合前一位同學唸的形容詞或動作之相對應語詞來發表，以完成句型。教師可以提醒第二位學生要注意「也」的作用，所以想出的形容詞或動作必須要跟前一位同學提供的語詞相對應。教師可以視課堂時間是否足夠，來決定要用多少時間做這樣的句型練習活動，當然也歡迎現場教師依據課堂時間、學生程度等條件做不同的變化。

Q2：有些連接詞之前後文的句子語意有特定的關係，例如：「也」的前後語意要一樣、「但是」的前後語意要相反，但學生造句時不易察覺，造出來的句子文法雖然正確，卻未能反應出前後句子特定的關係，或語意不合邏輯時，怎麼辦？

A：類似特定關係的造句，學生需要了解前後相對應的概念與彼此的關係後，才能去造句，所以學生需要比較多的工作記憶（認知負荷量）。當學生不能一次到位時，教師可以分步驟讓學生練習，例如：「除了…也…」的句型，「除了」後面如果用的是動作（動詞）或形容（形容詞），「也」後面的動作（動詞）或形容（形容詞）也必須是類似的語詞。以「除了買青菜，也…」為例，教師可以讓學生練習說出「除了」後面的動作是什麼，然後請學生造出「也」後面的動作，如教師

可以問：「『也』的後面可不可以填『也回家』、『也高興』、『也花錢』？」學生回答不可以，因為「也」的前後（買青菜／也回家、買青菜／也高興、買青菜／也花錢）不對應。透過這樣步驟化的練習，學生就可以先知道前面已知的語詞是什麼，再練習說出未知的相對應語詞。此可以參考前文（第 55 頁）的「與其…，不如…」之設計練習程序，讓學生逐步完成，圖 3-2 的練習單就是步驟化的作法。

第四章　流暢性

　　閱讀的流暢性也被稱為自動化，主要是期待學生在閱讀時可以把識字的認知負荷降低。透過流暢，讓讀者可以讀較大的語文單位，由字詞到短語、句子、句子組合，甚至段落，這樣學生在閱讀文章時才可以有足夠的空間去處理文章前後的關聯性，並進一步對不同段落可以形成文意概念，也就是文體結構的意義。所以流暢性被認為是在識字正確之後，應該被重視的另一項能力。流暢性通常包括孤獨字詞的唸讀和文章的唸讀，本教材因應國中階段的需求，僅設計文章朗讀的流暢性。

一、教學設計

　　流暢性指的是從識字到唸讀的解碼過程中，能夠表現出的解碼順暢程度；流暢性的表現愈好，愈能夠促進文章的理解。本教材除了在課堂中設計由教師帶領朗讀，以及數次各種朗讀活動之外，另設計「文章朗讀（朗讀評量）」教學活動，讓學生可以藉由練習朗讀以達到重複閱讀的效果。為避免重複朗讀的單調無聊，本教材特地設計簡單的朗讀評量計算方式，讓學生學會記錄自己每分鐘唸的正確字數和計算正確率，並且鼓勵學生利用自我監控的方式持續練習朗讀，例如：下課時仍可自己練習朗讀。另推薦同儕協助學習（Peer Assistant Learning），建議教師可以安排兩兩一組，讓同學輪流當小老師，互相練習朗讀課文並做記錄，讓學生了解自己的文章朗讀流暢程度。

　　根據美國學者 J. Chall 的閱讀發展理論，小四進入開始閱讀學習階段，就需要由朗讀進入默讀，唯有默讀才能讓學生可以讀長篇文章而不覺得累，且默讀才能讓讀者能快速掌握文章內各種訊息的關係。所以，不是每個低成就學生都需要進行朗讀流暢性的活動。對於已經可以默讀的學生或識字流暢性達到評效水準者，可以讓學生做其他的學習活動，或請這些學生當其他學生在朗讀記錄時的小老師。

　　根據張毓仁等人的研究（吳明隆、張毓仁、曾世杰、柯華葳、林素貞，2013；張毓仁、吳明隆、胡芝妮，2011），所得平均字數（如表 4-1 所示）可以作為各年級評估學生流暢性的標準。本教材為了讓學生容易操作而特別設計的文章朗讀記錄單，如圖 4-1 所示；本教材也在教師手冊提供教師如何教導學生做朗讀評量記錄的方法和步驟，由於評量是學生不熟的，所以剛開始需要花時間讓學生做這個練習，學生一旦熟悉後，就讓學生利用自由時間進行，目標是把這個活動當作學生可以自己練習的活動，就像跑步一樣，不要在乎練習多少次，只要算最佳成績即可。

表 4-1　小學各年級文章朗讀流暢性之平均字數

年級	一上	一下	二上	二下	四	五	六
每分鐘唸正確的字	144	160	190	198	221	223	259

模組 1:記敘文(故事)　　　　　　　　　　　　　　　　　　第二課:解放兒童

柯伯格和其他兒童們只有十二歲，卻展現出比同年齡孩子還要豐沛的勇氣及

力量，甚至也遠遠超越許多大人。　　　　　　　　　　　(45 字/524 字)

我的朗讀記錄單

朗讀一	日期	11 月 20 日				小老師簽名：裕菁				
	全部字數	減	念錯字數	得	正確字數	朗讀時間		正確率(%)	每分鐘正確字數(字/分)	
						分	秒			
	524	−	2	=	522	2	29			

朗讀二	日期	2 月 20 日				小老師簽名：				
	全部字數	減	念錯字數	得	正確字數	朗讀時間		正確率(%)	每分鐘正確字數(字/分)	
						分	秒			
	189	−	2	=	187	1	0	98.94	186.60	

朗讀三	日期	月	日			小老師簽名：				
	全部字數	減	念錯字數	得	正確字數	朗讀時間		正確率(%)	每分鐘正確字數(字/分)	
						分	秒			
		−		=						

朗讀四	日期	月	日			小老師簽名：				
	全部字數	減	念錯字數	得	正確字數	朗讀時間		正確率(%)	每分鐘正確字數(字/分)	
						分	秒			
		−		=						

◎文章朗讀記錄方式

沒有念的字、念錯的字──在字上面畫「/」

原本沒念、念錯後來更正──原本畫記「/」改成打勾「∨」

文章中沒出現的字多念了──在增加字的地方畫「∧」並「註記所加的字」

圖 4-1　學生手冊內的文章朗讀記錄單

二、教師困境與教學調整

Q1：若教學時間不夠，文章朗讀（朗讀評量）活動占太多時，怎麼辦？

A：本活動非必須進行的，如果班級內有太多朗讀不流暢（識字能力差、難以默讀）的學生，教師應該在第一課安排較多時間好好示範，並讓學生練習。初次上課說明和練習約需 30 分鐘～1 小時，這也是本教材在第一課設計比較多節數的原因，但隨著練習次數增加，朗讀活動可以縮減到 10～15 分鐘。建議教師利用增強制度鼓勵學生課外練習，例如：只算最佳成績，只要達到那些標準就加分，亦可以縮減活動時間，甚至如果全班同學都不需要朗讀活動，也可以省略。

如果發現學生在閱讀測驗的文章時會亂猜題，而朗讀文章之後可以認真的回答問題，教師就要懷疑學生可能沒有默讀的能力，所以看到較長的文章就亂猜時，應先從朗讀的流暢性開始。

Q2：如何有效率地向學生講解朗讀評量怎麼進行？

A：很多教師表示，第一次朗讀需要花很長的時間解說，無法在教案時間內完成。根據本團隊實施的經驗，建議教師把講解分成兩段，先是教師講解時，請一位學生示範，接著再讓學生分組兩兩練習，分組練習最好由教師主導分組，不要讓學生自己分組，以避免秩序混亂而耽誤時間。剛開始建議先同質分組，能力好的跟能力好的，之後再異質分組，讓能力好的學生協助能力較弱的學生。有教師為增加學生的樂趣，在異質分組時利用競賽提升同組互助。教學和分組的建議方式可參考本教材每個模組教師手冊之國中語文精進課程說明，如圖 4-2 所示。

朗讀活動是無聊的，所以老師可以考慮利用學生配對活動設計，讓學生有同伴可以記錄，配對活動可以採 S 型先一好(G)配一差(B)，讓每組學生能力差距相同，或是好差各有兩種配對方式，先進行第一次配對，之後採第二次配對如下：

第一次，同質配對　　G1&G2　　G3&G4　　G5&G6

　　　　　　　　　　B1&B2　　B3&B4　　B5&B6

第二次，異質配對　　G1&B1　　G3&B3　　G5&B5

　　　　　　　　　　G2&B2　　G4&B4　　G6&B6

圖 4-2　學生配對活動安排之說明

Q3：在同一個教室朗讀時，聲音會互相干擾，怎麼辦？

A：如果兩人靠近專注朗讀，聲音不一定會有影響，但如果考慮干擾，可以先把學生分散在教室各個角落，不要在原位置朗讀。或是在進行活動前先跟學生強調，聲量只要對方聽得到就好，不要太大聲或像喊口號般的用力。有的教師會利用教室外的場地，讓學生到操場去朗讀，並結合分組競賽，最差的一組去跑操場。

Q4：計時器不夠，怎麼辦？

A：計時器可以考慮一般電子計時器，例如：教師手冊所列的計時器在百元商店就可以買到，約在一百元左右。學校可以利用補救教學經費購置，或是利用手機或手錶內的碼表功能，以方便使用即可。

Q5：學生能力太差而無法記錄，怎麼辦？

A：如 Q2 的建議，分組時先同質分組，能力較差者先跟能力差的人一組，第一次分組進行時，教師先到能力差的組給予示範教導，相同程度互相練習，對能力差者壓力較小，等到異質分組時，能力好的做記錄，能力差的就不需要記錄。能力差的學生僅在同能力的組內記錄壓力較小，即使正確性不高也影響不大。

Q6：學生記錄不太精確，例如：無法分辨錯誤、無法記錄錯誤，怎麼辦？

A：朗讀記錄的主要目的在讓學生反覆練習朗讀和自我監控，因為自己朗讀可能的無聊，才設計兩兩互相記錄，對於能力差的學生，記錄錯誤沒關係，主要是讓他們可以多練習。若以上述建議，以最好的一次為主，必要時可以強調前幾次的練習只是看自己的進步而不算成績。練習很多次就會記錄很多次，教師可強調只算最好的一次，讓學生有練習的動機和成就感。正式的記錄可以要求是給小老師記錄的，或是在異質性的分組記錄，教師可以讓能力好的學生當小老師，能力好的學生記錄，正確性就可以保證了。教師不用斤斤計較每次記錄的精準性，如果大多數學生都無法分辨常犯的錯誤，教師可以利用課堂再統一說明，且多在班上帶領大家朗讀，讓學生可以模仿教師正確的朗讀。

Q7：學生不會計算朗讀正確率、每分鐘正確字數，或需要花很多時間教導學生計算朗讀正確率、每分鐘正確字數時，怎麼辦？

A：很多低成就學生可能也有數學計算的困難，當教師第一次講解時，如果發現學生有計算困難，可以使用計算機，讓學生直接用計算機計算。如果學生還學不會，可以利用本教材每個模組的國中語文精進課程說明中之朗讀評量計算步驟，讓學生模仿練習。如果學生仍有嚴重困難者，教師應該讓同組夥伴幫忙計算，或教師可以利用Excel檔讓學生輸入之後即獲得正確率、每分鐘正確字數；本教材資源網站上也提供設計好的Excel檔供教師下載使用。教師不應該花太多時間教導學生學會計算，因為這個活動需要學生很多的基礎能力，不宜在國語文補救教學課中去期待補救數學。

Q8：每一課的朗讀評量要做幾次才恰當？

A：如前文所述，朗讀的主要目的在增進學生的流暢性，流暢性可以減少

學生理解文本的認知負荷，所以關鍵問題不在要朗讀幾次，而是在學生是否可以達到流暢的水準。如果學生抱怨練習次數太多，教師可以用達成目標幾次就不需要朗讀做為獎勵，對於能力好的學生就不需要求朗讀。以學生能力是否達到目標做為決定朗讀與否和最少的次數，可以讓學生更了解朗讀的功能。學生的標準可以參考表 4-1，或依據學生的起點行為做適度的調降。

如要求每課至少做一次朗讀評量，學生只要通過每分鐘正確字數 220 字或 250 字以上，就可以免去練習，並請他當小老師，幫同學做朗讀記錄，也可以算該學生朗讀一次來計分；如果他記錄得很好，還可以加倍獎勵。

Q9：如何運用朗讀評量數據，以增加學生的自我覺察？

A：朗讀評量的數據可以做為回饋，尤其是透過圖表可以增加學生對於自己朗讀流暢性表現的覺察。教師可以利用本教材的課次安排：教學文、半自學文、全自學文，讓學生看到自己要朗讀多少次才能達到目標，並鼓勵學生從其中看到教學和自己練習的關係。另外，本教材模組一有兩課教學文，兩課的難度差異大，教師亦可引導（提問）學生去了解不同難度的課文所應該付出之努力，這種難度差異的現象在不同模組間也會看到，這樣的引導可以增進學生的自我監控。

Q10：朗讀評量的功能在哪裡？為什麼要做朗讀評量？

A：有學生會質疑朗讀的用途，因為平時考試不考，但朗讀就如同運動前要熱身一樣，沒有好的熱身，就沒有好的運動效果。因此，當教師在上課做文章講解時會跳來跳去說明，如果學生沒有前面的朗讀文章活動做為對文章的基本準備，會跟不上教師的進度找到課本的內容，而閱讀的流暢性不夠，會影響其默讀和未來考試時需要的閱覽文章及較

長敘述的考題。

相關研究也發現，朗讀可以增進學生的識字能力，在臨床觀察中，常看到學生經由朗讀練習，在上課時可以跟上補救教學班和原班上課的速度，另外在考試時，因閱讀速度加快，因此可以在時間內完成考題。

另有教師在流暢性佳而不需要進行個別朗讀評量的班級中，會先要求學生在教學前記錄自己的朗讀速度，在第一節課也記錄全班一起朗讀的速度，把教師或全班的朗讀速度寫在黑板作為指標，以後在每節課朗讀時，都由教師做全班的正確性和速度的記錄，讓全班可以覺察到自己的朗讀速度是否可隨課堂練習而進步。類似朗讀評量的活動運用在全班，可以增加全班對朗讀活動的動機。

第五章　文章理解

　　文章理解是本教材設計的重點，係依據閱讀的歷程設計預測、理解監控和文章結構知識，為主要協助學生閱讀理解的策略，本教材又將文章結構分為記敘文（故事體、寫人、寫景）和說明文（特徵、比較對照、問題解決），每個模組只教導一種文章結構，透過不同文章讓學生學習該文體的結構，且利用結構深入理解文章內容和摘要，最後再結合文章結構進行寫作，寫作將在下一章說明。

　　除了上述三項之外，在閱讀之後，本教材也設計摘要大意、文意理解（提問和圖文轉譯）、自我提問、由文本找支持的理由等活動，來促進學生對文章的理解。有些活動是每個模組都有的，但有些僅限於某一模組或某課文章之特性，可能有些閱讀理解策略未能提及，教師也可以自行參考及運用在沒有設計的課文。閱讀理解策略可參考教育部委託柯華葳院長和四位教授所主持的「課文本位閱讀理解教學」（詳見參考文獻）。

一、預測

（一）教學設計

　　預測是文章理解的第一個步驟，教師在帶領學生進到文章之前，會先請學生依據文章的標題來預測這一課的內容大概在講什麼。預測的目標有二：(1)學生對標題會引發自己的背景知識、興趣、好奇；(2)學生看到標題會自己引發問題，這些問題都是來自於學生自己對主題的猜測，甚至進一步會到文本中去驗證自己的假設。所以，教師可以先用教案所提供的問題引導學生去猜測，進一步再問學生看到標題時會想問什麼問題？為什麼會

想問這些問題？在實際教學現場中，學生的猜測如果離題太遠，教師則可以用提問的方式引導學生往接近的文意做思考，而本教案也設計了這種引導式的預測提問供教師參考。以模組一第一課〈兩碗牛肉麵〉為例，如表5-1所示。教師也可以參考預測原則以及自己對學生的了解，設計更適合學生的預測提問之問題。

表 5-1　預測的教學流程

教材出處：模組一第一課〈兩碗牛肉麵〉

一、預測：喚起與課文內容有關的舊經驗，問與課文標題有關的問題。
　　師1：你猜猜看〈兩碗牛肉麵〉這課會在講些什麼？（自由發揮。）

　　狀況一：學生不會回答，請以下面問題引導後再問一次。
　　師2：你通常會在什麼地方吃牛肉麵？（麵店、餐廳、家裡……。）
　　※學生若不會回答，或者回答不正確，沒有關係，鼓勵學生利用本文學習這些詞彙，繼續問下題。
　　師3：兩碗牛肉麵的故事可能會發生在什麼地方？（麵店、餐廳、家裡……。）
　　師4：從標題「兩碗牛肉麵」來猜測，你認為這篇文章應該在說些什麼呢？（自由發揮。）

　　狀況二：學生回答得出來，請於回答後直接進入二、朗讀與概覽。

當學生回答預測的問題時，不用要求一定要答對，因為學生還沒有學這一課，預測只是學習這一課的開始而已。預測活動的重點是喚起學生的背景知識及提高學習興趣，學生回答什麼答案、正確與否都沒有關係，只要適當引導，都可以讓學生更用心學習。

（二）教師困境與教學調整

Q：在進行預測活動時，學生沒有反應或不知道如何聯想，怎麼辦？

A：預測主要是希望學生能帶出他的相關經驗來閱讀文本，所以不管對或錯，都有助於閱讀文本的主動性。但有些低成就學生因為自信心的關係不敢亂猜，或是從來沒有在教室去主動連結自己的經驗，無從聯想起，此時教師更需要慢慢引導。預測這個活動可以訓練學生跟著文章的內容，讀到什麼地方就要主動搜尋相關的經驗，並且歸類、整理。教師可以利用表 5-2 內各文體所建議的提示，逐步引導學生整理相關經驗。另外也可以根據教師對學生的了解，另設計跟學生經驗有關的問題，幫學生把自己的經驗與文本主題做連結，以增加進入文本的準備。預測活動應該經常進行，多做幾次，讓學生習慣閱讀前要做的思考，教師最好也能夠帶到其他文本，或鼓勵學生用在所有的閱讀上，這樣學生的主動閱讀性才能夠慢慢建立起來。

表 5-2　預測活動建議提問表

模組文體	預測提示的共同原則
模組一～六	由課文標題問。 例如： 模組一第二課〈解放兒童〉，可以問：「什麼是解放？」 模組二第二課〈莎利文老師：引領我走出黑暗與寂靜〉，可以問：「你聽過莎莉文老師嗎？」

表 5-2　預測活動建議提問表（續）

各模組文體	預測提示的提問建議
模組一：記敘文 （故事體）	可以用 6W 或故事結構元素問。 例如：第二課〈解放兒童〉，可以問：「解放兒童的故事可能會發生在什麼地方？什麼時間？主角是誰？發生什麼事？什麼樣的兒童需要解放？」
模組二：記敘文 （寫人）	1. 可以用學生的經驗問。 　例如：第一課〈孫越：你可以替自己做更多的選擇〉，可以問：「你有沒有聽過孫越這個人？在哪裡聽過？」 2. 可以用人物特質問。 　例如：第二課〈莎利文老師〉，可以問：「這一課的主角是誰？是一個什麼樣的人？」
模組三：記敘文 （寫景）	1. 可以由學生的經驗問。 　例如：第一課〈日出〉，可以問：「你有沒有看過日出？看日出的經驗會是什麼？你想這一課所描寫的會不會跟你所看的經驗一樣？」 2. 可以由課文內的圖片畫面來問。 　例如：第一課〈日出〉，可以問：「看到這個圖，你猜猜看這一課可能在寫些什麼？」
模組四：說明文 （特徵）	1. 可以由學生的經驗問。 　例如：第二課〈義民文化〉，可以問：「你在哪裡看過、聽過義民文化？它都講些什麼？你想這一課講的會不會跟你所看所聽的一樣？」 2. 可以由標題裡的特定語詞引導。 　例如：第二課〈義民文化〉，可以問：「你有沒有聽過○○／○○○文化？例如：閩南文化、原住民文化……等。通常文化會在講什麼？你想這一課所描寫的文化跟你聽過的會不會一樣？」

表 5-2　預測活動建議提問表（續）

各模組文體	預測提示的提問建議
模組四：說明文（特徵）	3. 可以從文體問。 例如：第二課〈義民文化〉，可以問：「〈義民文化〉是特徵的說明文，那你想這一課會講些什麼特徵？」
模組五：說明文（比較對照）	1. 可以由學生的經驗問。 例如：第二課〈天生鳥才必有用〉，可以問：「你有沒有聽過天生鳥才必有用這句話？（學生聽過的應該是天生我才必有用），這篇文章的標題把常用在人的一句話套用在動物上，所以這一課可能會怎麼比較？」 2. 可以從文體問。 例如：第二課〈天生鳥才必有用〉，可以問：「〈天生鳥才必有用〉是比較對照的說明文，那你想這一課可能在比較什麼？」
模組六：說明文（問題解決）	1. 可以由學生的經驗問。 例如：第二課〈罐頭的誕生〉，可以問：「你會在哪裡聽過○○的誕生？通常在講誕生時，會講些什麼？」 2. 可以從文體問。 例如：第二課〈罐頭的誕生〉，可以問：「〈罐頭的誕生〉是問題解決的說明文，那你想這一課會在講什麼問題要被解決？」

　　預測只是在鼓勵學生參與，所占的教學時間不宜太多，上述的原則和建議僅供參考，教師不需要窮盡所有問題，可以選擇適合的預測方式帶學生進入文章即可。

二、理解監控

（一）教學設計

　　理解監控是後設認知的一種，是指讀者一面讀，一面評估自己對文章的熟悉和理解程度的一種閱讀策略，它可以用在閱讀中、閱讀後，這裡指的是本教材運用在閱讀中的「概覽」。概覽安排在預測之後進行，是閱讀文章的第二個步驟，實際的進行方式是：當學生第一次朗讀（或默讀）文章後，教師會問幾個簡單的問題來確認學生是否大概讀懂，這個教學活動同時也是進入文章結構教學的起始。本教材的概覽流程以模組一第一課〈兩碗牛肉麵〉為例，如表 5-3 所示。

表 5-3　概覽的教學流程

教材出處：模組一第一課〈兩碗牛肉麵〉

二、朗讀與概覽

1. 朗讀：全班學生大聲朗讀，第一次朗讀課文時老師需跟著朗讀，讓學生模仿。

2. 概覽：用問答方式讓學生回答故事內容，以了解課文大意。

師1：這篇文章中人物有誰？（男孩、爸爸、老闆。）

師2：發生在什麼時候？（一個晚餐時間。）

師3：這篇文章中的場景在哪？（麵店。）

師4：發生了什麼事情？（男孩帶爸爸去吃牛肉麵，騙爸爸自己也吃牛肉麵，其實吃的是湯麵。老闆受到感動，請父子倆吃小菜，但是兒子又偷偷付錢給老闆。）

師5：結果怎麼樣？（父子倆吃完麵後洋溢著笑容離開。）

（二）教師困境與教學調整

Q：學生對於教師的概覽提問回答不佳、不完整時，怎麼辦？

A：概覽的目的主要是讓學生利用關鍵元素去整理、瀏覽閱讀的文章，所以當學生回答不佳、不完整時，正是讓學生知道自己對文章還不夠熟悉，教師可以追問「還有沒有」，以幫助學生了解，不熟的內容可以再回去回顧，用逐步的方式幫助建構本文的大致架構，也慢慢訓練學生概覽時有哪些重點要注意且記住。

概覽策略對於學生在未來搜尋資料是非常重要的，教師也可以用在普通班的課文閱讀，只要多使用就可以幫助學生建立習慣。亦有教師利用此策略於普通班所有的課文教學前，並外加主題提問（在此時的主題提問不會要求學生回答得正確，僅是引導學生去思考而已）。

三、文體知識

本教材將文體分為兩種：記敘文和說明文，再細分成各種不同文體編排的模組。記敘文包括有故事情節的故事體、沒有故事情節的寫人和寫景三種，說明文包括特徵、比較對照、問題解決。另外，本教材特別針對字詞程度更弱的學生（識字能力在小三以下），另編製更簡單的故事體基礎本，稱為模組 F，也稱為聲旁文（故事）模組。此模組的文體同樣是有故事情節的記敘文，但與模組一的差異在於文章較短，該模組的文章編寫為方便學習組字規則的聲旁文，即在文章中放入 3～5 個由同一組聲旁所衍生的常見聲旁衍生字，讓學生可以明確的在課文中學習聲旁字的組字規則，以做為正式進到故事體模組的基礎練習，並且讓這一群學生可以把模組一的故事體文章結構，用兩個模組（F 和 F1）慢慢學習，比其他學生多一學期的時間把字詞和故事體基礎打好，才進入模組二，因此若學生從模組 F 開始使用，教材順序為 F-F1-2-3-4-5-6。如果時間不許可，在國中階段可以

上到模組四或五，應該足夠應付高職的語文學習了。

上述的各文體模組如表 5-4 所示，以下將針對每一個模組文體詳加說明，並呈現該文體的文體結構。

表 5-4　國中語文精進課程各模組文體、成分和課文數量之一覽表

模組	文體	結構成分	課文
F	聲旁文（故事體）	人物、時間、地點、為什麼、怎麼做、結果	三
F1	記敘文（故事體）	人物、時間、地點、為什麼、怎麼做、結果	三
1	記敘文（故事體）*	人物、時間、地點、為什麼、怎麼做、結果	四
2	記敘文（寫人）	主題、描述（事件或特質）、結語	三
3	記敘文（寫景）	主題、描述（切畫面的主、客觀）、結語	三
4	說明文（特徵）	主題、說明（定義與特色）、結語	二
5	說明文（比較對照）	主題、說明（同與異的比較表格）、結語	三
6	說明文（問題解決）	主題、說明（問題、解決、結果的步驟）、結語	三

註：模組 F1 是模組 1 的減縮版，不重複使用。

（一）教學設計

1. 模組 F：聲旁文（故事體）與模組一：記敘文（故事體）

模組 F 與模組一都是在描述故事情節的記敘文，簡稱故事體。這類文章的重點在事件的描述，事件的成分包括人物、場景（地點和時間）、衝

突（原因）、行動、結果、結語（迴響或反應），其中以「衝突」（為什麼會發生這件事的原因）、「行動」（做了哪些事來解決問題）、「結果」（得到了什麼樣的結果）為最基本的元素。

　　故事體模組以六個 W 做為元素之口訣：who（誰）、when（何時）、where（哪裡）、why（為什麼）、how（怎麼做）、what happen（結果），教師可利用 6W 結構表，教導學生利用故事元素找出重要事件，並練習切割事件。另外，也可教導學生切割事件時應該注意的地方，例如：一個完整的事件有時不一定有明顯衝突，或者有時前一個事件的結果可能是導致下一個事件的原因，學生只要學會找出故事中的幾個重要事件，就可大致明瞭整篇故事的來龍去脈。故事體的結構以模組一第一課〈兩碗牛肉麵〉之結構表為例，如表 5-5 所示。

2. 模組二：記敘文（寫人）

　　模組二為寫人的記敘文，屬於國中階段語文課程中常見的文章形式，與模組三的寫景統稱為「描述的記敘文」。「描述」也可稱為「描繪」或「描寫」，意思是指用文字把想要告訴別人的事情做詳盡的介紹。「寫人」的描述重點就是人物，這類文章會透過描述一些重要的事件讓讀者了解這個人物，可能是外表、個性、做事方法、生活態度、貢獻，或是與作者之間獨特的關係。在此類文章裡，為了能夠詳盡描述人物而有各式各樣的敘寫手法，以本模組來說，常常會透過描述「發生的事件」或描寫「獨特的特質」來呈現。但若與之前所學到的「記敘文（故事體）」模組比較，之前的「記敘文（故事體）」只是在說一個故事，只有一組 6W 元素；現在的「記敘文（寫人）」的文章內，可能有好幾個小故事，因此，每個小故事都各自有 6W 元素。雖然這些小故事都有不同的小主題，但都是來支持整篇文章的大主題，也就是說此類文章中可能出現故事情節，但重點是「描

表 5-5　模組一第一課〈兩碗牛肉麵〉的故事體結構表

6W		問題	答案
人物（who）		這個故事中的人物有誰？	男孩、爸爸、老闆。
時（when）		這個故事發生在什麼時候？	一個平常的晚餐時間。
地（where）		這個故事發生在什麼地點？	麵店。
發生了什麼事？（what）	為什麼／衝突（why）　怎麼做／解決（how）	事件一　男孩向老闆小聲更改湯麵。	衝突（Why）：因為錢不夠，又不想讓爸爸擔心。 行動（How）：小聲更改成湯麵。
		事件二　老闆送麵，男孩和爸爸相互夾牛肉給對方。	衝突（Why）：因為爸爸希望小孩多吃一點，但男孩覺得爸爸很辛苦，希望他多吃一點。 行動（How）：男孩和爸爸相互夾牛肉給對方。
		事件三　老闆贈送父子倆小菜，男孩接受。	衝突（Why）：看到父子的互動，受到感動。 行動（How）：老闆以週年慶為理由贈送小菜。 結果：男孩觀察店況後說謝謝，接受小菜。
		事件四　父子吃完麵離開，兒子還是付了小菜錢。	衝突（Why）：男孩發現老闆說謊，不願意平白接受恩惠。 行動（How）：男孩離開前將小菜的錢壓在碗下。 結果：老闆發現碗下壓著兩枚十元硬幣，正好是小菜的價錢。（男孩還是付了小菜錢）
結果（what happen）		整個故事的結果如何？	男孩和爸爸在錢不夠的情況下仍然享用了一頓晚餐，並愉快的離開麵店。
主旨		整個故事主要的涵義（或主旨）是什麼？	父子的關懷感動了老闆，顯示出人間處處有溫情。 □作者寫出　■自己讀出

述人或景」，故事情節已經不是重點，所以一些元素會被合併精簡，像是衝突（原因）和行動在第二模組裡就被簡稱為「經過」。寫人的記敘文之文體結構在模組二第一課〈孫越：你可以替自己做更多的選擇〉中，所呈現的是以事件描寫人的結構，如表 5-6 所示，而第二課〈莎利文老師：帶領我走出黑暗與寂靜〉呈現以特質描寫的結構，如表 5-7 所示。

除了文體結構表以外，在模組二也設計了「段落結構區分表」，讓學生練習區辨在文章結構下的文章組織，以及各段落與文章主題的關係。段落結構區分表係安排在文章結構表完成之後才進行，目的是要讓學生利用具備文章結構及組成元素先了解全文主要的內容，之後利用此表引導學生去看出段落和主題的關係，再引導學生提取文章結構的背後意義，增進學生對文章描述的評析能力。上述的段落結構區分表如表 5-8 所示。

3. 模組三：記敘文（寫景）

模組三為寫景的記敘文，也是國中階段語文課程中常見的文章形式，與模組二合稱為「描述的記敘文」。「寫景」的描述重點顧名思義在風景，景色可以是大自然（如日出），或是周圍常去的小地方（如書局或小鎮），這類文章會透過景色或環境中的物品之描述，讓讀者了解作者對這些景物之觀察，而作者對景色的描述就像一部文字攝影機一樣，可能隨時間變化畫面，也可能隨角度、距離去變化畫面，透過不同畫面的描述，傳達作者對這個景色的感觸或賦予的意義，因此模組三的文章結構是以攝影的「切畫面」做為寫景文章的元素。教師首先可教導學生切畫面的原則，將文章的畫面清楚區分出來，再進一步教導學生認識作者對畫面中景物的描述手法，也就是客觀描寫及主觀詮釋的分辨。寫景記敘文的文體結構以模組三第一課〈日出〉為例，如表 5-9 所示。

除了文體結構表以外，模組三也與模組二相同，設計了「段落結構區

表5-6　模組二第一課〈孫越：你可以替自己做更多的選擇〉的寫人結構表（事件）

結構	問題	答案		
主題	本課的主題是什麼？	孫越的選擇		
描述	本課提出哪些內容來描述主題？	事件一	人物	孫越。
			時間	十六歲時。
			地點	從對岸到台灣。
			經過	少年的孫越不知該去哪，便加入青年遠征軍隨隊到台灣，從此展開舞臺生涯。
			結果	發現自己喜歡演戲。
		事件二	人物	孫越。
			時間	1963年。
			地點	台灣。
			經過	十四年舞臺生涯後，突然渴望轉變，與其跟呈現停滯狀態的舞臺一起沉默，不如忍痛離開，決定投身大銀幕。
			結果	拍了許多電影，成為片酬最高的男配角。
		事件三	人物	孫越。
			時間	1963年之後〜1978年。
			地點	台灣。
			經過	事業正值大好之際，發現自己承載許多壓力，心中感到不快樂，宣布往後只接邀他演男主角的戲。
			結果	無。
		事件四	人物	孫越。
			時間	1983年，得到第二次金馬獎之後。
			地點	台灣。
			經過	轉行、角色扮演的改變不代表他找到了生命的意義，決定一年只拍四個月的戲，其他時間用來推動社會公益工作。
			結果	無。
結語	本課對於主題所下的結語是什麼？	孫越的意義被充分利用了，以前累積的知名度成為傳教和服務人群的利器，一個人真的可以為自己做許多選擇。		
主旨	整篇文章主要的涵義（或主旨）是什麼？	每個人都要做出主動的選擇，才能發揮生命的意義。 □作者寫出　■自己讀出		

表5-7 模組二第二課〈莎利文老師：帶領我走出黑暗與寂靜〉的寫人結構表（特質）

結構	問題	答案		
主題	本課的主題是什麼？	莎利文老師引領我（海倫‧凱勒）走出黑暗與寂靜。		
描述	本課提出哪些特質來描述主題？	特質一	☐內在 ☑外在 ☐行動	視力從小很差。
			舉例	1. 只能看到些許光線。 2. 靠著一副度數非常深的特製眼鏡來閱讀。 3. 倍廉博士必須陪伴在身邊，觀察視力，隨時加以調整。
		特質二	☑內在 ☐外在 ☐行動	超乎常人的勇氣。
			舉例	一個不太健康的弱女子隻身遠離她的朋友，來到阿拉巴馬州的一個小村落。
		特質三	☐內在 ☐外在 ☑行動	不惜付出一切（無怨無悔的付出）。
			舉例	1. 以微弱的視力為作者念了許多書。 2. 以手語為作者複誦修改的打字稿。 3. 寧願把一生的精力花在作者身上，鼓勵作者服務社會人群。
		對作者的意義		1. 莎利文老師成為作者與這個世界最初也是最主要的橋樑。 2. 莎利文老師為作者所做的一切，不僅是因為喜歡作者這句話所可以解釋的。 3. 莎利文老師帶給作者愛心與希望，使作者踏入了思想的光明世界。
結語	本課對於主題所下的結語是什麼？	我（海倫‧凱勒）的身體雖然不自由，但我（海倫‧凱勒）的心是自由的。且讓我的心超脫我的軀體走向人群，沉浸在喜悅中，追求美好的人生。		
主旨	整篇文章主要的涵義（或主旨）是什麼？	心的自由可以突破身體的不自由。 ■作者寫出　☐自己讀出		

5-8 模組二第一課〈孫越：你可以替自己做更多的選擇〉的段落結構區分表

主題	段落	勾出文章結構	勾出段落與主題的關係（可複選）
孫越的選擇	1	☑開場語　□描述 □無關　□結語	☑主觀詮釋　□客觀描寫
	2	□開場語　☑描述 □無關　□結語	1.☑事件描述 2.□特質描述（□內在□外在□行動）
	3	□開場語　☑描述 □無關　□結語	1.☑事件描述 2.□特質描述（□內在□外在□行動）
	4	□開場語　☑描述 □無關　□結語	1.☑事件描述 2.□特質描述（□內在□外在□行動）
	5	□開場語　☑描述 □無關　□結語	1.☑事件描述 2.□特質描述（□內在□外在□行動）
	6	□開場語　□描述 □無關　☑結語	□摘要　☑呼應主題　□結局　□其他

分表」讓學生練習區辨在文章結構下，文章中的各個段落與文章主題的關係，透過此表的分析讓學生更深入的評析作者在寫景文章的鋪陳與用意。上述之段落結構區分表如表 5-10 所示。

4. 模組四：說明文（特徵）

模組四、五、六都是說明文，模組四的說明文以特徵為主，也是本教材教導說明文的第一個模組。從模組四（約國二下）開始教導說明文，主因在於考量國中學生已經進入透過閱讀學習新知識的階段，在非國文科的很多課本都是說明文，期待學生利用說明文可以學習新知識解決問題，並在其他學科獲得成就感。所以，說明文的閱讀能力對國文科的學習可能影響不大，但對學生在其他知識性學科（如社會科或自然科）的學習成就會有幫助，這正是國內最近倡導的國際學生學習評量計畫（the Programme for

表 5-9　模組三第一課〈日出〉的文章結構表

結構	問題			答案
主題	本課的主題是什麼？			主角和爺爺一起在山頂看日出，並讚嘆日出景色的美麗。
描述	本課描寫哪些畫面來形容主題？	畫面一	客觀描寫	天空剛露出魚肚白的顏色，鳥兒在林間喧嘩。
			主觀詮釋	歡迎新的一天到來。
		畫面二	客觀描寫	遠方的山頂就像一座座的小島般，從我們腳下漂浮的霧海中隆起。爺爺指著東方向我說道：「瞧！」就在最遠那座山的邊緣上，在那世界的盡頭，一道粉紅色光芒朝四面八方迸射，像一枝畫筆般掃過整個天際。清晨的微風拂過臉龐。
			主觀詮釋	大地的色彩和清晨就要甦醒了。
		畫面三	客觀描寫	陽光的畫筆在天空中揮灑出一道道紅、黃、藍的顏色。山的輪廓被太陽照得一片火紅般的鮮紅，陽光揭去黑暗的面紗，讓樹木露出青翠的面目。霧氣變成一片粉紅色的海，逐漸朝山谷深處消退。
			主觀詮釋	無。
		畫面四	客觀描寫	刺眼的陽光照在我們臉上。爺爺脫下帽子，我們就這麼著迷地看著，直到太陽升到半空中為止。
			主觀詮釋	整個世界再度恢復了生氣。
結語	本課對於主題所下的結語是什麼？			有一種感覺浮現在我和爺爺心中，我們不約而同發誓，一定還會再回到山頂，欣賞這美麗的日出。
主旨	整篇文章主要的涵義（或主旨）是什麼？			山頂的日出之美令主角和爺爺流連難忘、驚喜著迷，並約定好還會再回到山頂。 ■作者寫出　□自己讀出

表 5-10　模組三第一課〈日出〉的段落結構區分表

主題	段落	勾出文章結構	勾出段落與主題的關係（可複選）
主角和爺爺一起在山頂看日出，並讚嘆日出景色的美麗	1	☑開場語　□描述 □無關　□結語	□歷史背景　□地理環境 ☑主題（破題）　□其他
	2	□開場語　☑描述 □無關　□結語	1. 描寫手法：☑客觀描寫　☑主觀詮釋 2. 空間安排：□定點【☑拉近焦點☑拉遠焦點☑固定焦點】□動點） 3. 時間安排：☑短時間變化　□長時間變化
	3	□開場語　□描述 □無關　☑結語	□摘要　☑呼應主題 □結局　□其他

International Student Assessment，簡稱 PISA）所強調的閱讀素養之文本。因此，模組四～六的教材是一般國文科教師較為陌生的文體，預期透過本教材的教師手冊和相關說明，可以讓教師引導學生有機會學習對他們有利的閱讀素養，並幫助學生習得自己閱讀和學習的能力，亦即是自學的能力。

　　為了讓學生較容易從記敘文銜接到說明文，模組四做為說明文的第一個模組，特地在文章結構教學之前先以「特徵說明文表現方式學習單」讓學生練習找出特徵說明文的說明元素，也就是找出定義及特色，讓學生先對文章中的「說明」是什麼有一個基本的理解，接著才進入特徵說明文的文章結構教學。特徵說明文表現方式學習單如圖 5-1 所示，文章結構表以模組四第一課〈太陽系〉為例，如表 5-11 所示。

特徵說明文表現方式學習單

說明：以下有一篇簡短說明文，請分辨說明的文字各是屬於「定義、特色」中的哪一種，並且再找出這篇文章的結語。

範例：

　　伊索寓言是一本世界文學名著，同時也是流傳最廣泛的寓言故事。伊索寓言的文字淺顯易懂，人物活潑鮮明，常常用幽默有趣的筆觸寫出深刻的哲理，也難怪它會成為歷久不衰，超越時空限制的最佳讀物。

主題		伊索寓言
說明	定義	伊索寓言是一本世界文學名著，同時也是流傳最廣泛的寓言故事。
	特色	1. 伊索寓言的文字淺顯易懂 2. 人物活潑鮮明 3. 常常用幽默有趣的筆觸寫出深刻的哲理。
結語		成為歷久不衰，超越時空限制的最佳讀物。

圖 5-1　特徵說明文表現方式學習單

練習題：請畫線，並寫下主題、定義、特色、結語的關鍵詞。

　　　　主題　　　定義
　　金字塔是一種錐體型的建築物，它是埃及法老

　　　　　　　　　　　　　　　　　　　　特色
王的陵墓，也是埃及文化的精神與象徵，更被譽為

世界七大建築奇蹟之首。金字塔不論在建材的選

擇，角度的計算，結構的設計以及建築物內部溫度

與濕度的控制等各方面，都突破了當時自然環境的

　　　　結語
限制，不愧是現今最偉大的建築。

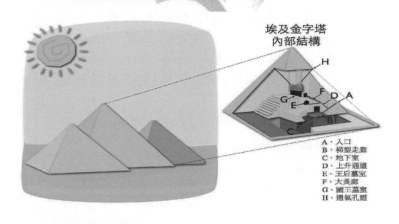

埃及金字塔
內部結構

H
G E F D A
C B

A、入口
B、梯型走廊
C、地下室
D、上升通道
E、王后墓室
F、大長廊
G、國王墓室
H、通氣孔道

圖 5-1　特徵說明文表現方式學習單（續）

表 5-11 模組四第一課〈太陽系〉的文章結構表

結構	問題	答案		
主題	本課的主題是什麼？	太陽系		
說明	本課在說明太陽系的什麼內容？	定義	以太陽為中心的一系列天體的集合。	
		特色	（一）包括恆星太陽、八大行星、衛星月球、小行星帶和宇宙塵埃。	
			（二）太陽 1.太陽系中最重要的星體。 2.哥白尼提出地動說之後太陽的地位才獲得彰顯。 3.是其他星體能量的來源。 4.體積最大，引力也最大，能使其他行星圍繞它有週期地運行。	
			（三）八大行星 1.與太陽距離遠近的排序依次是水星、金星、地球、火星、木星、土星、天王星、海王星。 2.分成類地行星和類木行星兩類。 3.前者以岩石、金屬為組成物質，後者以氣體為組成物質。	
			（四）地球 1.唯一同時具有海洋、陸地和大氣的行星。 2.從外太空的空照圖來觀看，地球就像個美麗的藍色球體，散發出耀眼的光芒。	
			（五）冥王星（非八大行星） 1.被歸類為介於行星和小行星之間的矮行星。 2.因為距離太遠、體積太小，軌道不清楚，所以從九大行星中除名。	
結語	本課對於「太陽系」的結語是什麼？	宇宙是如此的浩瀚，而人類是如此的渺小，下次當你抬頭仰望星空時，想必也會為那宇宙的奧妙而著迷不已吧！		
主旨	整篇文章主要的涵義是什麼？（或讓你有什麼想法？）	1.讓我們了解地球資源的重要，也啟示我們要珍惜地球的資源。 2.讓我們了解宇宙的浩瀚及人類的渺小，也啟示我們不要太自大，要學習謙虛。 　　　　　　　　□作者寫出　■自己讀出		

此外，還需要特別說明的是，本教材在教導說明文的設計上，著重引導學生練習將文本內容分類及命名，學習把文本知識轉化成有組織、有系統的概念結構，並利用常見的視覺組織圖呈現。圖的形式和系統層次並不重要，重要的是學生需要學到把文本內容轉化成抽象概念（命名），例如：定義、組成、緣由、特色等，再把這些概念有意義（符合邏輯）的組織起來，畫出「概念圖」，以呼應文章的標題或主旨，在此以模組四第一課〈太陽系〉的概念圖為例，如圖 5-2 所示。

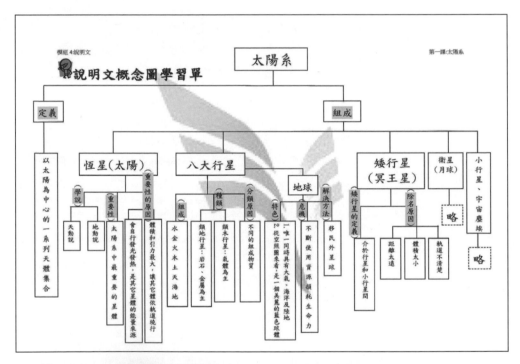

圖 5-2　模組四第一課〈太陽系〉的概念圖

5. 模組五：說明文（比較對照）

模組五為比較對照的說明文，本模組的文體承接模組四的特徵說明文，像是將兩篇特徵描述的短文放在一起比較，所以比較對照的說明文主要是

將文內的兩個以上之事物的特徵描述加以比較。文章看似在描述不同的事物，所以學生需要用到模組四所學的特徵描述之能力，把描述找到其意義概念（命名），並加以統整比較，模組四的讀出特徵概念之能力對模組五的比較對照會很有幫助。簡言之，比較對照就是將各個事物可以對照的特徵找出來，並放在一起比較，因此就可以回答「哪一個……？」或「○○和○○對○○的主張有什麼不同……？」這一類比較性的問題。

　　例如：在本模組第一課〈不同角度看歷史：中英兩國的鴉片戰爭〉中，可讓學生學習找出英國和清朝的描述裡，共同的描述之背後意義概念，並學習利用文章結構表把文章裡的內容歸納出表格，再呈現縱軸的比較項目（亦即語意概念之歸納）。比較對照說明文的結構表以模組五第一課〈不同角度看歷史：中英兩國的鴉片戰爭〉之結構表為例，如表 5-12 所示。

6.模組六：說明文（問題解決）

　　模組六為問題解決的說明文，本模組的文體承接模組四、五的說明文，獨特之處在於以問題解決之步驟做為文章結構裡的說明部分。因此，在本模組第一課的結構教學中，教師應先說明問題解決的程序包括三個部分：「問題」、「解決」、「結果」，其中的「解決」又包括「假設」和「驗證」，一篇問題解決的文章可能僅有一個問題，但有很多解決過程（如本模組第二課〈罐頭的誕生〉），也可能隨著過程而有不同問題（如本模組第一課〈全世界最酷的老鼠〉）。每個問題解決的方法背後都有假設，亦即解決問題背後的想法，有時文章裡不一定會把假設寫出來，而驗證則是根據這個假設所採取的行動，所以假設和驗證是指從內在想法到外在行動的解決過程。問題解決說明文的結構表以模組六第一課〈全世界最酷的老鼠〉之結構表為例，如表 5-13 所示。

表 5-12　模組五第一課〈不同角度看歷史：中英兩國的鴉片戰爭〉的文章結構表

結構	問題	答案			
主題	本課的主題是什麼？	中英兩國對於鴉片戰爭不同立場的比較。			
說明	本課在「中英兩國對於鴉片戰爭不同的立場上」說明了什麼內容？	同	中英兩國都是為了捍衛自己的國家才會引發戰爭。		
		異	因素＼國家	清朝	英國
			（社會背景）	朝廷腐敗，百姓生活負擔沉重，社會亂象浮現。	完成第一次工業革命，走上近代化。
			（外交觀）或（對外交的態度）	1.只有撫夷、剿夷的經驗。2.心態保守，認為不需要拓展貿易。	1.已有外交、邦交的概念。2.心態開放，積極拓展貿易。
			（輸出產物）	茶葉、絲綢、瓷器。	鴉片。
			（戰爭原因）	遠因：商業問題。近因：林則徐銷毀鴉片（虎門銷煙）。	不滿清廷虎門銷煙的行動，在國會議決下出兵。
			（戰力）或（兵力）	有策略，但武器不精良。	船堅炮利。
			（戰爭結果）	敗。簽訂條約，割地賠款。	勝。簽訂條約，取得通商口岸。
			（戰爭目的）	保家衛國。	貿易自由權。
			（戰爭看法）或（歷史意義）	更多不平等對待的開端。	推動東西方商業貿易的自由。
結語	本課在「中英兩國對於鴉片戰爭的不同立場」所做的結語是什麼？	英國認為鴉片戰爭為東方世界帶來新的視野，清廷則被迫打開門戶，與整個世界一起運轉。			
主旨	整篇文章主要的涵義（或主旨）是什麼？	中英兩國由於各自的立場不同，因而對鴉片戰爭的發生原因、過程和結果也有截然不同的觀點。			

□作者寫出　■自己讀出

表 5-13　模組六第一課〈全世界最酷的老鼠〉的文章結構表

結構	問題	答案
主題	本課的主題是什麼？	滑鼠的誕生與演進過程
說明	本課在說明滑鼠的什麼內容？	**問題 1：如何解決鍵盤輸入的缺失？** **解決** **假設**：如果能有一種裝置，可以做為連接電腦和使用者的媒介，讓文字等各種資訊靈活的在螢幕上移動，那麼就能加快資訊處理的時間，這正是「X－Y座標定位裝置」。 **驗證**：1. 1963 年，畫出底部是兩個互相垂直的輪子來跟蹤動作的裝置草圖。 2. 1964 年，改良草圖，以木頭製作出第一個原型滑鼠。 **結果**：改善了鍵盤輸入的缺失 **問題 2：如何解決原型木頭滑鼠笨重、造價昂貴以及感應度不佳的缺失？** **解決** **假設**：1. 改進滑鼠的製作材質，讓滑鼠變輕。 2. 改進偵測信號的設計，讓滑鼠的感應更敏銳。 **驗證**：1. 用塑膠打造機械滑鼠、光學滑鼠、雷射滑鼠的外殼。 2. 製作出利用滑球推動壓力滾軸來偵測信號的機械滑鼠。 3. 製作出利用光學定位來確定信號的光學滑鼠，提高了感應信號的靈敏度。 4. 製作出利用雷射光源直接辨識信號的雷射滑鼠，不受限於光源明暗度的影響，也可以在大理石、金屬、瓷磚、玻璃等不同材質的桌面上使用。 **結果**：滑鼠經過不斷的改良與演進，種類愈來愈多、功能愈來愈進步，同時也開啟了現代人快速、便捷的資訊生活。
結語	本課的結語是什麼？	滑鼠經過不斷的改良與演進，種類愈來愈多，功能也愈來愈進步，同時也開啟了現代人快速、便捷的資訊生活。
主旨	整篇文章主要的涵義（或主旨）是什麼？	1. 生活中的小東西也存在很多大智慧，智慧來自很多人解決問題的努力。 2. 當碰到問題時就要想辦法解決。 3. 科技的不斷進步來自人類的需求。 4. …………

□作者寫出　■自己讀出

（二）教師困境與教學調整

Q1：學生在學習文章結構表時反應很慢，花費很多時間，怎麼辦？

A：學生在第一次（課）學習文章結構時，可能因為不熟悉、不習慣而顯現出反應慢、不知所措的情況，例如：在學習故事體結構時，對於原來可以讀懂的故事，覺得變得更複雜、更難懂，這是因為以前沒有學習過用結構讀故事，剛開始操作不容易上手的緣故。有現場教師回饋，經過一、兩課的練習，很多學生反應出能很快的找出內容，課上起來感覺比較輕鬆，對故事的脈絡也較容易掌握，到了學期末時的寫作，也更能夠依據文章結構所給的架構去構思及檢查自己的文章。

Q2：故事體事件元素中的「衝突」為什麼不能直接說「原因」？

A：故事體文章主要的要素是由行動構成的事件，每一個事件都有它的行動，每個行動都有它背後的緣由，在小學我們會簡化稱為「發生什麼問題？事件經過怎麼樣？」所以小學常用的故事結構就是「問題、經過、結果」。可是中學以後的文章，故事應該更複雜，描述的也更為細緻，所以我們會把「問題」還原回敘事理論裡所談的「衝突」，但為了讓教師方便解說，也在教案中提示教師可把「衝突」簡化成「原因」，讓學生比較容易理解。但是在大人閱讀的故事裡，行動背後的原因不見得是成因，如果教師覺得學生所讀的文本使用「原因」來解釋就夠，那就用「原因」來教，但如果考慮學生可能會讀到大人閱讀的故事，有些時候「原因」不能精確說明，那就建議還是用「衝突」來教。有教師上過課的經驗表示，該班學生認為以「衝突」做為事件元素的名稱比較好，因為用「衝突」這個詞才能顯現出故事情節的張力，若用「原因」這個詞，反而顯不出故事的張力，可見學生對文章理解的程度已經成熟了。為了讓教師理解本教材所使用的故事元素之

名詞與一般敘事理論及小學教材使用的故事元素之名詞的差別，特製作表 5-14 以供對照，希望使用本教材的教師們能對所用之名詞有精確理解，但能彈性的溝通。

表 5-14　事件元素使用名詞對照表

本教材所用的名詞	敘事理論所用的名詞	小學教材常用的名詞
人物	人物	主角
時間、地點	場景	時間、地點
衝突	衝突 內在反應	問題
行動	目標（企圖） 行動	經過
結果	結果	結果
×	結局	×

Q3：在故事結構中，學生在切事件和找人物時容易混淆，怎麼辦？

A：教師在教導切事件時，除了可以依照教案中的建議，請學生依據事件的要素「衝突、行動、結果」或「行動、結果」將故事裡的段落區別出每一個事件以外，教師也可以用舞臺劇來解釋切事件，請學生依據舞臺劇場景、人物等來決定哪些是一幕戲，並且告訴學生通常一幕戲就是一個事件。而在找人物時，教師則可以用聚光燈或鎂光燈的概念，讓學生去想在這一幕戲裡，哪些人物會被聚光燈照明，被照明的人物通常是這一幕戲的主要角色，也是這一幕戲中演出戲分最多的演員。

Q4：在課堂上，學生雖然可以回答出事件及事件的元素，但其間的因果關係或事件間的時間關係卻仍很模糊，怎麼辦？

A：事件元素的因果關係以及事件間的時間排序關係，是國中生清楚記事

的基本要件，也是國中生寫作能跳脫記流水帳形式的一個很重要之能力。如果國中生已讀過很多故事，但在故事大意或描述自己的經驗時，仍以動作順序為主的流水帳一樣，足見學生尚未能從閱讀故事中建構出元素間的因果關係和事件間的排序，這樣對故事的理解只限於表面被動的，就很難應付處理較多事件或多人物的長篇故事，甚至難以讀出國中階段隱喻式的故事文內之主旨。因此，故事元素的因果關係及事件間的時間排序可以幫助學生閱讀長篇故事、描述個人經驗、寫出長篇文章的重要鷹架；如果學生對此鷹架不熟，教師應該利用教科書內的課文或學生的生活經驗等故事，做為分析架構的練習，在足夠的練習下，學生才能逐漸熟悉並運用。

Q5：學生在切事件時，切割得太細或遺漏事件時，怎麼辦？

A：一個事件不一定都用一個行動當作切割單位，因為同樣的衝突可以帶來一連串的行動，這些行動可能會被歸納為一個事件，所以如果每一個行動都要切出一個事件，會導致事件切割得太多太細。因此在切事件時，教師可以一一詢問這些行動的衝突是不是相同的、是不是有獨立的結果，如果都是相同的衝突，結果也不獨立，那麼就可以把他們歸納在一起，都算一個事件，只是行動比較多。但如果學生堅持切出很多事件，教師也不需要強迫改變學生，只是可以提醒學生，那麼多事件在事後做課文大意摘要時，會顯得太繁瑣，仍需要再進一步歸納，到那時候學生就會了解為何要歸納，否則摘要會不夠精簡。

遺漏的事件如果不會影響大意，教師也不需要強迫學生修改。本教材所提供的事件切割方式都不是唯一的標準答案，就像劇本要怎麼切分幕，每一個導演都有自己獨特的方法一樣，只要說得通，不影響文意即可。

Q6：有些事件的衝突是人的內在動作與情感狀態，學生難以找出來，教師

　要怎麼引導比較好？

A：內在動作以及情感狀態本來就是不明顯的，對一般學生來說，在小學中年級才開始慢慢去覺察到。在故事中，人除了有明顯的動作外，還有內在的動作及情感，但對於低成就學生或是僅會流水帳的學生來說，這樣的能力應該還沒有發展出來。所以當學生找不出來時，教師應該多引導，讓學生有機會可以發展出這種能力。建議教師可以利用各種機會多加引導，並且請學生在描述動作時也順便補充說明內在的情感狀態，例如：目標或想法，「我下課去找老師」可以增加說明：「為了讓老師知道我不是故意的，我下課特地去找老師說明」。

Q7：請學生找出事件的「衝突、行動、結果」時，是不是一定要按照這個順序？

A：一般而言，「衝突、行動、結果」是可以依序讓學生找出來的，可是有些故事在沒有確定行動前，要學生先找出衝突是有困難的，這個時候可以讓學生先找出行動比較容易，確定行動之後再找出衝突；所以事件的順序並不代表教師一定要這樣發問。

Q8：學生手冊內的文章結構表學習單過於開放，學生不知道怎麼填寫，或填寫意願不高，怎麼辦？

A：學生手冊內的學習單是開放（空白）式的 C 版，主要是給程度好的學生使用，建議教師上課時都用 B 版學習單，而有寫字困難的學生就採用 A 版學習單，如此才能減低書寫困難或理解速度慢可能造成的課堂影響。如果學生的學習動機佳，在上課用 A 版或 B 版，教師可以鼓勵學生把學生手冊內的 C 版當作加分的作業，回家完成後就可以加分。

Q9：學生在進行事件元素結構學習單的串聯元素、寫出小短文時有很多困

難，例如：會加很多贅詞、省略內容、錯誤使用連接詞，此時該怎麼辦？

A：為了讓學生利用元素結構做摘要大意，本教材在模組一第二、三課中，特地設計讓學生把故事元素一一列出來後，再串聯各元素寫成小短文，但有些學生會出現各式各樣的錯誤，例如：加贅詞、省略內容、錯誤使用連接詞等，這時教師可以利用表格內的元素引導學生先寫背景（人物、時間、地點），再寫事件（衝突、行動、結果），讓學生寫完之後，教師再引導其是否要加連接詞，最後再讓學生自己朗讀一遍，讀讀看句子通不通順。如果學生還有困難，教師可以參考下節的摘要大意之教學步驟，提供撰寫模式讓學生填寫。

四、摘要大意

（一）教學設計

1.透過結構單寫大意

本教材的摘要大意活動都安排在完成文體結構之後，通常是在第三節課進行，這是考量到學生可以把學過的文體結構及結構元素當作摘要大意之輔助工具，引導學生看著結構表說出結構表中的元素。學生在進行利用結構表說出大意後，教師接著在黑板上教導學生精簡文字及修飾文字的原則，因此本教材設計的摘要大意活動包含兩個步驟：一是先說出結構表；二是教導精簡文字、修飾文字的原則。精簡文字的原則有四：(1)刪去重複的文字；(2)刪去相同的主詞，或用代名詞替代；(3)刪掉細節；(4)用上位詞替代。修飾文字的原則：(1)調整順序；(2)加連接詞。

在此各以記敘文及說明文的某課摘要大意教案內容表列於下：表 5-15 是記敘文模組一第一課〈兩碗牛肉麵〉的摘要大意教學流程；表 5-16 是模組四第一課〈太陽系〉的摘要大意教學流程。

表 5-15　模組一第一課〈兩碗牛肉麵〉的摘要大意教學流程

三、文章摘要大意

下面以提問的方式請學生用之前學習到的文章結構來練習摘要全文大意。

師1：【說明】把文章的重點──6W元素和背景、結果合起來敘述，就是文章的**摘要大意**。

師2：試著把本課故事的事件一到事件四串起來說說看？（男孩向老闆小聲更改湯麵。老闆送麵，男孩和爸爸相互夾牛肉給對方。老闆贈送父子倆小菜，男孩接受。父子吃完麵離開，兒子還是付了小菜錢。）

師3：我們能不能試著把事件一、二和事件三、四長話短說，摘要出來呢？（事件一、二：父子互相關懷。事件三、四：老闆受了感動，默默贈送小菜，男孩仍暗中付錢，父子倆吃完麵愉快的離開。）

※精簡文字的原則：(1)刪去重複的文字(2)刪去相同的主詞，或用代名詞替代；(3)刪掉細節；(4)用上位詞替代。

※修飾文字的原則：(1)調整順序；(2)加連接詞。

師4：我們能不能再把事件一～四的摘要加上背景、結果變成文章大意呢？（一個平常的晚餐時間，男孩扶眼盲的爸爸去麵店吃麵，父子互相關懷，老闆受了感動，默默贈送小菜，男孩仍暗中付錢，父子倆吃完麵愉快的離開。）

師5：那我們現在來練習看看怎麼說摘要大意。

老師點一、兩位程度較好的同學說說看摘要大意。（答案參考前面老師的示範。）

> 若是學生回答有困難，可採以下兩種作法之一：
> (1)請學生輪流說出部分的摘要大意，最後再請他們合起來說出完整版。
> (2)請老師再示範一次，學生再仿照老師的示範重新講一次摘要大意。

表 5-16　模組四第一課〈太陽系〉的摘要大意教學流程

三、文章摘要大意

　下面以提問的方式請學生以之前學習到的文章結構來練習摘要全文大意。

師1：【說明】把文章結構——主題、說明和結語合起來敘述，就是文章的摘要大意。

師2：我們能不能試著把太陽系各個天體的特色長話短說，摘要出來呢？〔(1)太陽是最重要的恆星，其他行星圍繞它運行；(2)八大行星可以分成類地行星和類木行星兩類；(3)地球是唯一同時具有海洋、陸地和大氣的行星；(4)冥王星被歸類為矮行星。〕

※精簡文字的原則：(1)刪去重複的文字；(2)刪去相同的主詞，或用代名詞替代；(3)刪掉細節；(4)用上位詞替代。

※修飾文字的原則：(1)調整順序；(2)加連接詞。

師3：我們能不能再把上面各星體的摘要加上主題、結語變成文章大意呢？（太陽系中，太陽是最重要的恆星，其他行星圍繞它運行，八大行星可以分成類地行星和類木行星，地球是唯一同時具有海洋、陸地和大氣的行星，冥王星被歸類為矮行星。太陽系中的這些天體讓我們感受到宇宙的浩瀚和人類的渺小。）

師4：那我們現在來練習看看怎麼說摘要大意。
　老師點一、兩位程度較好的同學說說看摘要大意。（答案參考前面老師的示範。）

> 若是學生回答有困難，可採以下兩種作法之一：
> 1. 請學生輪流說出部分的摘要大意，最後再請他們合起來說出完整版。
> 2. 請老師再示範一次，學生再仿照老師的示範重新講一次摘要大意。

師5：【說明】以後有人問一篇說明文的大意是什麼，我們就可以用這種方法說出來。

2. 部分文本（句子的功能或句子在文本的地位／句子語意摘要或段落摘要）

除了全文摘要以外，另有「部分文本」的摘要大意，也就是指某一個句子的語意或某一段落的段落大意，以作為說明文的文章結構之用。

句子語意的摘要安排在本教材模組四彈性課程三所進行的「語意概念詞歸類練習」，主要是讓學生練習提取文句在文章的概念。在該學習單中，一共有12個句子，教師先請學生依據句子的語意找出同類的歸在一組，接著再為這個類別命名，學習單如圖5-3所示。

語意概念詞歸類學習單

　　　以下有12個句子，請依據各個句子的語意做歸類，並且為這個類別命名。

1. 太陽系中的水星、金星、地球、火星是類地行星，土星、天王星、海王星是類木行星。

2. 妹妹有著一雙水汪汪的大眼睛和高挺的鼻子，人見人愛。

3. 攝取太多的澱粉以及沒有養成運動的習慣很容易令人發胖。

4. 苗族人喜歡用銀來裝飾，主要是銀象徵富有，也可以避邪。

5. 媽媽為了訓練弟弟不再賴床，特地買了三個鬧鐘放在床頭櫃，準備輪流叫醒弟弟。

6. 咖啡是全世界最受歡迎的飲品之一，不管是美式、藍山、曼特寧、拿鐵、摩卡或卡布奇諾，各有各的愛好者。

7. 植樹節定在國父孫中山先生逝世的三月十二日，是為了感念他生前大力倡導造林運動。

8. 由於臺灣四面環海，又位於西太平洋的颱風盛行地區，因此颱風是常見的天然災害之一。

9. 她身材高挑、皮膚白皙，體態也優雅，擁有當模特兒的好條件。

圖 5-3　語意概念詞歸類學習單

10. 身為最被看好的選手，他卻在這次國手選拔賽中敗下陣來，就是因為太輕敵的緣故。

11. 田徑又分為田賽和徑賽，田賽有跳高、跳遠、擲鐵餅等項目，競賽有短跑、接力跑、障礙跑等項目。

12. 這支受過精良訓練的特種部隊成員們，個個身材魁梧，肌肉結實，孔武有力。

命名	寫出句子的編號
原因 （理由） （由來）	(3)、(10)、(8)
種類 （類別） （分類）	(1)、(11)、(6)
外貌 （外表） （長相）	(2)、(9)、(12)
目的	(7)、(4)、(5)

圖 5-3　語意概念詞歸類學習單（續）

　　而段落摘要則安排在模組六彈性課程三的「問題解決步驟練習」。該練習要求學生必須在拆成四小段且打亂順序的短文中判斷出正確的排序，再將原本語意不連貫的文章重新組合成文意連貫的全文；學生要完成這個排序就必須讀懂每個小段落的文意，也就是段落語意的摘要，該學習單如圖 5-4 所示。

問題解決步驟學習單

請依照開鑿雪山隧道的問題解決先後過程，將短文的順序填入下面表格的最左欄。接著再加入適當的連接詞（至少一個），把每一個問題解決的敘述寫成完整的段落，完成下面的表格。

步驟	短文	連接詞	加入連接詞，寫成段落摘要
1	C	因為、所以	(因為)要先了解雪山山脈的地質結構，才能進行開鑿作業，(所以)工程團隊決定利用折射震測法和小型爆炸來判斷。結果發現雪山的地質結構很複雜，有大量的斷層。
2	A	為了、但	(為了)因應雪山山脈的複雜地質和結構，工程團隊先後運用鑽炸法和全斷面隧道鑽掘機（TBM）進行施工，但沒想到結果是隧道崩塌、TBM被夾埋。
3	D	由於、因此	(由於)TBM被夾埋，(因此)工程團隊決定用分階段的混合工法進行開鑿，結果順利地突破了雪山山脈破碎帶地層的難題。
4	B	為了	工程團隊(為了)趕上開鑿的進度，決定用雙向開挖及增加豎井的方式來進行，後來果然逐漸趕上施工進度，開鑿更順利。

圖 5-4　問題解決步驟學習單

（二）教師困境與教學調整

Q1：學生在進行摘要大意發表時，會看著課文整段唸出來或是太瑣碎，怎麼辦？

A：本教材教導摘要大意的方法主要是以文章結構來教導，所以文章結構表是學生做摘要大意時的重要參考，如果學生完全看著課文唸，那麼教師應該引導學生看著文章結構表說說看，而如果學生照著文章結構表說出來的內容是瑣碎的，那麼教師可以把教案中提供的精簡文字之原則寫在黑板上，再引導學生練習精簡，如果需要修飾文字，也可以

把修飾原則放在黑板，提示學生練習。手冊內的原則如表 5-17 所示。寫摘要大意也是寫作的一種方式，學生需要經常練習才能精熟，必要時可以分段修飾，先做到精簡，再進行修飾，讓學生一次不用處理太多任務。建議教師可以把這些活動用在其他課文的學習上，甚至是說話表達上。

表 5-17　精簡文字和修飾文字的原則

精簡文字的原則	修飾文字的原則
刪去重複的文字	調整順序
刪去相同的主詞，或用代名詞替代	加連接詞
刪掉細節	加介詞
用上位詞（概括性的語詞）替代	

五、內容深究（文意理解）

（一）教學設計

1. 提問

本教材期待利用師生互動來促進學生的課堂參與與思考，因此在教學時，都設計教師提問的方式進行。用提問的方式除了能引發學生的注意力、刺激學生的思考，並且讓學生透過回答問題來訓練口語表達，也讓教師可以當場了解學生的語文能力和學習狀況。因此，本教材的教案全都以師生間的提問和預設之回答來呈現，設計具體的問題提供教師參考，並在部分重要地方，特地設計差異化教學程序，提示如果學生不了解時，教師應該如何追問或提供鷹架。

提問除了是教師教學的方法外，也運用在針對文章理解的提問上，也就是利用三個層次的問題引發學生思考。本教材採用閱讀理解的三個層次：

(1)層次一：課文內可以找到答案，但請換句話問，不要用與課文同樣的句子（是否重要、這個答案可以幫助我了解、注意重要的內容）；(2)層次二：課文內沒有明白寫出來，但文意中有清楚答案，可以用文中的描述重新組合，或需整合上下文與跨段內容才能獲得答案（幫助組合文章）；(3)層次三：課文內沒有寫出來，要用個人已知的知識或經驗推論或猜測才能有答案，而且答案可能不只一個（幫助了解文章的主旨和作者想傳遞的部分）。

　　本教材利用三層次的提問引導學生深入了解課文的意義，以教案中的師生提問來學習文章結構，如圖 5-5 所示。另外，在文章理解上也利用第二、三層次的提問引導學生深入了解課文的主題或主旨，而通常安排在全文討論或內容深究的討論活動中，並且會在問題後方註明問題的層次，例如：L1 為層次一的問題，L2、L3 以此類推，如圖 5-6 所示。

---

3. 事件結構練習

(1) 提問：老師以 6W 方式提問，學生回答問題，老師一邊將答案的關鍵字寫在黑板上，一邊引導學生在自己的課本上用不同的顏色註記，並在課文空白處寫上關鍵詞。

師1：我們一起來看看，這篇文章的文體是什麼？（記敘文故事。）

師2：【說明】很好，請大家把文體寫在你的學生手冊第一課左上方的框格裡，文章類型的後面寫上記敘文，括號裡寫故事，代表這一課是記敘文故事體。

師3：接著我們一起來看看，這個故事中的人物有誰？（男孩、爸爸、老闆。）

師4：很好，這就是 6W 中的 who。這個故事發生在什麼時候？（一個平常的晚餐時間。）

師5：很好，這就是 6W 中的 when。這個故事發生在什麼地點？（麵店。）

師6：很好，這就是 6W 中的 where。接下來我們要利用切事件的原則找出故事中的事件（6W 中的 what、why、how）。

圖 5-5　模組一第一課〈兩碗牛肉麵〉的事件結構提問示範

二、全文討論——請學生先默讀課文，老師再問下面的問題（如學生剛做完朗讀評量，可省略默讀）

第一段

師1：（L1）麵店在平常用餐時間是什麼樣子的情景？（高朋滿座，有些客人安靜的吃著麵，有些客人邊聊天邊用餐。）

師2：（L1）麵店內出現什麼和平常比較不一樣的情景？（一個男孩扶著眼盲的中年人走進來。）

第二～三段

師3：（L1）為什麼男孩點好餐後又向老闆更改？（因為發現自己的錢不夠。）

師4：（L3）為什麼男孩向老闆更改時要小聲地說？（因為不想讓爸爸發現自己點湯麵。）

圖 5-6　模組一第一課〈兩碗牛肉麵〉的文章理解提問示範

有教師認為，本教材所設計的提問活動和提供的問題能促進教師本身的專業成長，例如：「自己（教師）比較會問問題，因為要一直問學生問題，不同於以前在大班（的講授）」、「（提問的活動）收穫部分，對於提問以及引導的技巧有加深」（102 新北教師，G7）。

2. 圖文對照

圖文對照指的是文字與圖表、圖像之間的轉換過程，也就是讀者能夠從閱讀文字的過程中，連結圖表、圖像的形式和文字之訊息，並統整出更為立體、精確的意義。這項能力即是 PISA 中所謂的多文本之閱讀，同時處理連續文本（課文）和非連續文本（圖、表），才能建構出完整的文意。本教材共設計三種圖文轉換的教學設計：「時間序列整理」、「畫面描繪」、「概念圖」，透過這些學習活動期待加深學生對各文本資訊的處理。

分項說明如下。

(1)時間序列整理

　　教學活動安排在兩處：一是在模組二第一課〈孫越：你可以替自己做更多選擇〉。在本課中，需要閱讀的內容除了課文以外，另外還有「孫越大事記」的補充資料，因此學生要同時閱讀完這兩種資料，才能完成時間序列整理的學習單，即是本課設計的「文章結構綜合練習」學習單，如圖5-7 所示。該學習單主要是在訓練學生能夠將孫越一生的重大事件依照順序排列出來，並且以配合題的方式，讓學生找出「孫越大事記」裡可以互相搭配的事件及年代組合。

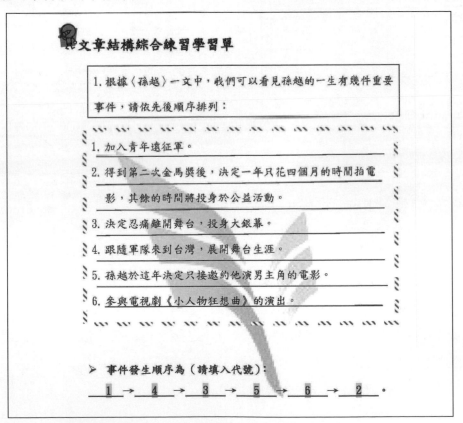

圖 5-7　模組二第一課的文章結構綜合練習學習單

2. 配合題：請根據本課課文與「孫越大事紀」的補充資料，找出甲乙兩欄中可互相配合的年代和事件，並填入甲欄的括號中。

甲欄：年代

1. (E) 1930 年
2. (G) 1949 年
3. (B) 1959 年
4. (D) 1962 年
5. (F) 1963 年
6. (A) 1983 年
7. (I) 1989 年
8. (C) 2010 年

乙欄：事件

A. 參與《抓鬼特攻隊》、《搭錯車》等電影之演出。以電影《搭錯車》榮獲第 20 屆金馬獎最佳男主角。

B. 結婚。

C. 獲頒第 47 屆金馬獎特別貢獻獎。

D. 參與首部電影《白雲故鄉》的演出、主持台灣電視公司《錦繡年華》。

E. 孫越出生。

F. 離開舞臺，投身電影圈。

G. 隨軍隊來到台灣，展開舞臺生涯。

H. 參與電視劇《小人物狂想曲》的演出。

I. 宣佈退出商業演出，全力投入慈善活動，只從事義務性、公益性演出，包括節目主持、宣導廣告。

圖 5-7　模組二第一課的文章結構綜合練習學習單（續）

　　第二個「時間序列整理」的練習在模組五第一課〈不同角度看歷史：中英兩國的鴉片戰爭〉，該課同樣要請學生閱讀課文及其他四種補充資料，包括：中國與英國大事記、清代帝系年表、當東方遇上西方——禮儀之爭，以及工業革命概述。學生閱讀完上述資料之後，再接著完成「中英大事記整理學習單」，如圖 5-8 所示。該學習單主要是在訓練學生具有能將不同文本的各種資料整併到一張圖表的能力。

模組 5:說明文（比較對照）　　　　　　　　　第一課：不同角度看歷史─中英兩國的鴉片戰爭

中英大事記整理學習單

中國大事記	年代	英國大事記
平定三藩（康熙）	1681 年	
解除海禁，但僅開放四個（通商口岸）（康熙）	1683 年	
（康熙）	1689 年	頒布（權利法案），確立君主立憲
只保留廣州為通商口岸，關閉其他三個（乾隆）	1757 年	
（乾隆）	1764 年	發明珍妮紡紗機，揭開（工業革命）序幕
（乾隆）	(1781) 年	瓦特發明蒸汽機
（乾隆）	(1793) 年	馬加爾尼使團訪華
（嘉慶）	1814 年	史蒂芬孫發明蒸汽機車（火車）
（道光）	1836~1848 年	英國憲章運動
林則徐虎門銷煙（道光）	(1839) 年	
鴉片戰爭（道光）	(1840) 年	鴉片戰爭
簽訂南京條約（道光）	(1842) 年	簽訂南京條約

圖 5-8　模組五第一課的中英大事記整理學習單

(2)畫面描繪

　　在模組三寫景記敘文中，特地設計畫面描繪。由於該模組的重點在寫景，文章元素是切畫面，所以在教學設計上特意安排「畫面描繪學習單」讓學生練習切畫面，把畫面的文字描繪成圖像或地圖，以訓練學生文圖整合和轉譯的能力，並透過文圖並陳增加景色空間感，而增加對文意的理解，

且鼓勵學生喜歡用筆記錄下自己看過的東西。本教材在畫面描繪學習單上有兩種：一是描繪出課文中切出的畫面，並加上人物的對話框，例如：在圖 5-9 中，學生畫出模組三第一課〈日出〉的畫面（102 台北市中正國中學生作品）；二是畫出課文中各項景物的地理位置圖，例如：圖 5-10 是模組三第三課〈飛有喜鵲的城鎮〉教案中提供的參考答案，圖 5-11 則是學生的作品（102 台北市金華國中學生作品）。

圖 5-9　模組三第一課〈日出〉的畫面描繪學生作品

畫面描繪學習單（參考答案）
請將本課所描述的內容畫成一幅位置圖，並標出各項景物的名稱。

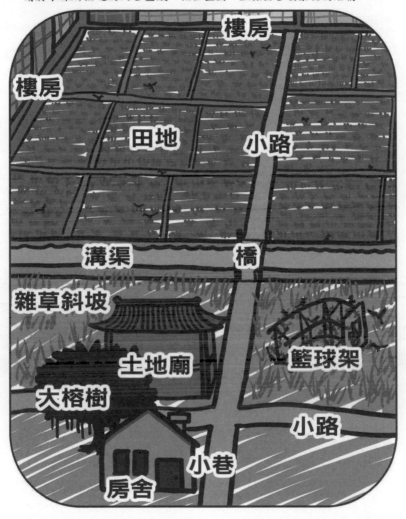

圖 5-10　模組三第三課〈飛有喜鵲的城鎮〉的畫面描繪參考答案

圖 5-11　模組三第三課〈飛有喜鵲的城鎮〉的畫面描繪學生作品

　　有教師把寫景的文章結構單或畫面描述運用在國中國文課本〈我所知道的康橋〉一文中，讓學生學習變得更有趣和生動。類似畫面描繪的策略

應該都可以運用在國中課文寫景的文章，也有教師趁機發現學生繪畫的才華，鼓勵學生在寫作時可以圖文並陳的表達自己的想法。

(3)概念圖

　　教學活動安排在模組四特徵說明文中，即是在前文「文體結構」中提及的將文章轉換成視覺組織圖像的練習。此外，在模組四第二課〈義民文化〉中，設計了「學生文化」的概念圖延伸練習。該活動即是教師以學生文化為題目，請學生想出學生文化包含哪些內容，然後再把這些想出來的內容分類、歸納、命名，最後畫出概念圖。教案中的「學生文化」參考答案如圖 5-12 所示。

　　有教師利用概念圖讓學生練習國中課文〈傘〉，因此概念圖適合用在「以特徵描述一個概念」的文體，並不限於說明文，記敘文也可以。

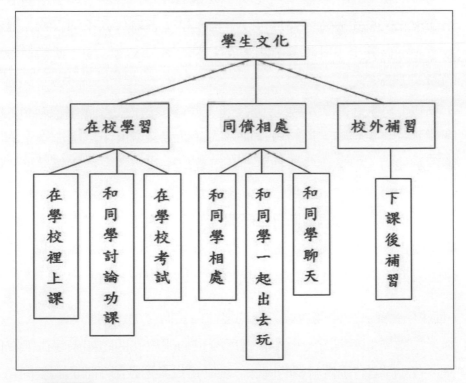

圖 5-12　模組四第二課「學生文化概念圖」練習參考答案

（二）教師困境與教學調整

Q1：學生若困惑於有些課文的人物太多（例如：模組 F 第二課的三國故事）、故事發展的時空變化太大、故事情境離生活經驗太遠（例如：模組一第二課之時空交錯的敘寫手法、童工情境），而難以回答教師的提問時，怎麼辦？

A：本教材主要是為青少年以上的孩子設計，雖然教材設計時已降低語文能力的負擔，但文本材料仍期待具有引導青少年學生思考的水準，因此，在人物及時空的變化上，可能會超過某些低成就孩子的能力。當教師發現學生有這些限制時，可以利用實物或圖畫來標出這些人物，例如：在模組 F 第二課的三國故事中，教師可以在黑板上寫出曹營跟周營，並做出人物角色字條，隨著故事的情節，移動人物條到符合當時情境的陣營，此類似紙娃娃或沙遊的進行方式，以增加學生對故事情節變化的具象經驗。或是可以讓班上學生各自代表不同人物，並在教室裡面區分出不同陣營，隨著課文的段落讓人物移動，此類似戲劇的搬演方式。

上述利用圖像或角色扮演的方法，主要是透過實物具象讓學生對語文內容能產生具象經驗，期待用這種方式降低課文難度，以增加學生的閱讀理解能力。但是這些活動更期待培養學生建立語文與實際經驗二者的連結和轉換能力，鼓勵學生以後遇到太難的、太複雜的情境時，可利用類似具象的方式協助自己理解。如果學生擅長於畫圖，也可以鼓勵學生畫圖來理解文章，例如：自己畫文章的插圖或做概念圖；如果學生喜歡演戲，那就鼓勵學生用演戲的方式來理解文章。

Q2：有些學生對於教師開放式的提問無法回答時，怎麼辦？

A：為了鼓勵學生參與討論，本教材所擬定的開放式問題如果學生無法回答，有些問題有提供調整的問法，教師可以參考教師手冊的調整問題。

如果沒有提供的部分，建議教師運用提問的簡化通則，將開放式問題調整成選擇式或是非題，以增加學生的參與感和成就感。等到學生熟悉這樣的教學法，再逐步的退回開放式提問。

另外，有些問題問的範圍太大了，導致學生無法回答，例如模組二第一課的提問：「孫越做了哪幾個決定？哪些是主動？哪些是被動？」這時教師可以把問題再切細一點，例如：「孫越做了哪幾個決定？各在哪些段？」各段中再問：「孫越在這一段做了什麼決定？主動還是被動？」學生一一回答後，再由教師整併，必要時寫在黑板，提供視覺提示，降低負荷。

Q3：在進行課文內容深究時，學生難以了解文章背後的隱藏含意（例如：模組一第一課的文章主旨在講人間處處有溫情），或是看起來很簡單但卻有隱藏含意的詞語（例如：善意的謊言），此時該怎麼辦？

A：文章背後不明顯的含意是國中學生需要學會的。很多學生在小學中高年級已經具有這樣的理解能力，而低成就國中學生卻不會，代表他對故事的認識仍缺少這個基礎，此更顯出提問教學的重要性。但也因為這些概念是抽象的，學生可能不容易一次在一課中就學會，所以教師應該持續提問，如果可以在其他的教材或鼓勵學生用他的生活經驗來詮釋，以善意的謊言為例，可以請學生想一想過去曾經說過的、出發點是善意的謊言，然後再由大家來討論這個情境是否真的是善意的。

類似的問題如果因為抽象，學生只要回答得稍微點到邊，就應該給予鼓勵，教師不應該期待學生馬上達到教師手冊所提供的答案。如果教師希望學生更好，應該引導學生想想還有沒有其他的例子，鼓勵學生多用自己的生活經驗來詮釋。

Q4：在進行畫面描繪活動時，依照教案內的步驟，先寫完結構單再畫圖，但學生會覺得無聊，怎麼辦？

A：教材原設計先寫完結構單再畫圖，但有教師反應若把每一個畫面的結構都寫完，因為一直在寫字，學生會覺得很無聊。所以有些教師會做調整，寫完結構單上的一個畫面就可以畫一個圖，以畫面為主的圖和文字為單位之完成，讓寫字和畫圖穿插進行，學生就不會覺得很無聊了。至於結構單上要切出幾個畫面，有教師調整為開放式讓學生變化，只要學生說出理由，不一定要跟參考答案一樣，由此，教師也可以看出學生是否在構圖上有特殊獨到的眼光，亦可能是一種才賦。上述教師因應情境所做的各種變化都是值得鼓勵的。

Q5：畫面描繪作業單有 A、B、C 三個版本，要怎麼使用比較好？

A：畫面描繪是讓學生練習圖文轉譯以及增加文字的真實感，但學生普遍在先前的語文學習經驗比較缺乏類似的活動，所以需要教師的帶領，尤其在本教材的模組三第三課，該課文是屬於所有景物濃縮在一個畫面中，而學生需要把各個景物的位置，透過文字精確的在心裡建構出景物位置圖。第一次進行這樣的活動，學生通常都有困難，因此教學時，教師可以先帶領學生把文內所有的重要景物標出來，景物標出來之後，程度好的學生可以直接畫在學生手冊內的空白描繪單（C版），但教師如果發現學生無法直接用 C 版學習單，請依照教案內建議的程序引導。依據上述的程序引導，如果學生還有困難，教師可以拿 A 版學習單用便利貼做部分遮掩，問學生遮住的部分可能有什麼景物，然後逐步的揭曉答案，討論完之後讓學生用學習單 B 或 C 版作答。

如果是發現畫圖部分學生有困難時，學生只要可以寫出景物名稱或用簡單圖形（例如：三角形代表樹，梯形代表土地廟，圓形代表籃球架，兩條平行線代表橋）表示即可，或是可以鼓勵學生用自己的符號標示。

Q6：在模組三第一課的教學活動中，除了畫面描繪的練習之外，教案中也

建議教師可以讓學生做小書，以增加學生的學習興趣，但教師沒有時間或不會做小書時，怎麼辦？

A：通常在師訓時會示範如何做小書，網路上的教學資源也有影片，但如果未能在師訓時間看到，教師則可自行參考網路資源的教學示範，例如：八格小書（http://blog.sina.com.cn/s/blog_60a6bfae0100jgzz.html）。如果課堂時間足夠，教師可以讓學生自選要做畫面描繪或做小書，根據過去幾年推廣的經驗，學生選擇製作小書的會較多。但教師要注意有些能力較差的學生，選做小書時需要比較多的協助。

Q7：學生對於太陽系概念圖的層次架構及各個概念間的關係理解有困難，而畫不出概念圖時，怎麼辦？

A：太陽系概念圖是一種語意概念，學生需要了解名詞與名詞之間的從屬關係，如果學生對層次與層次間的從屬關係不清楚，或是對太陽系的知識還不熟悉，此時畫出概念圖會有困難。教師可以先利用學生熟悉的組織架構概念，讓學生理解什麼是從屬關係，例如：以學校行政單位的各處室，教師可以向學生說明教學組在教務處之下，設備組在總務處之下，這就是層次間的從屬關係。如果學生是對太陽系的知識不熟悉，可以請學生把文章裡的名詞圈起來，針對每一段訊息一一把名詞間的從屬關係建立起來，一小段一小段處理，最後再畫出整體的概念圖。

◆ 六、自我提問

（一）教學設計

提問除了運用在教師教學上，為了促進學生的閱讀理解，自我提問也是重要的策略之一。自我提問即是請學生依據文章擬題。教師在正式進行

該活動之前，已經在內容深究的提問中讓學生知道三個層次題目的意義，但如果學生已經遺忘或記憶不深刻，建議教師在進行正式擬題前，再幫學生複習三層次問題的意義，並向學生說明這個活動就是要自己擬出三個層次的問題。建議活動可用分組的方式進行，教師可以要求各組都要擬出三個層次的問題，並且附上答案，然後再各組互相問答。本教材的擬題練習單如圖 5-13 所示。

圖 5-13　自我提問的擬題練習單

（二）教師困境與教學調整

Q1：學生在擬題時，擬出的句子經常不完整，怎麼辦？

A：很多低成就學生缺乏直述句轉換成疑問句的能力，或缺乏疑問句句型的造句能力，在擬題上會出現句子不完整或用直述句當作疑問句的情形，此時教師可以用擬題練習單所提供的疑問詞，讓學生先練習擬出各個疑問詞（6W）的句子，例如本教材模組一第四課：「如何看出作者很有愛心？如何用最好的方法幫助男子或女子？為什麼作者要打電話給警察局請求協助？你認為作者為什麼要幫助這兩個人？你覺得男子未來會做錯事嗎？作者怎麼幫助那女人？為什麼作者想幫助那些人？你認為作者最後說『愛有多大限度』是什麼意思？」一個一個問題擬完後，再看看哪些句子不完整，再一一修改，教師藉此就可提供各疑問詞的示範句型。

Q2：學生說不會擬題，怎麼辦？

A：有些學生沒有辦法馬上依照層次擬題，可以先讓學生依照6W的疑問詞擬出能表達課文中重要訊息的題目，擬完後再檢查還有哪些重要的訊息或課文中重要的含意沒有擬出問題來，確定所有的重要內容都被問到後，再判斷這些問題的答案是課本裡面有的（層次一），或課本裡面沒有明寫的，但跨段落可以找到的（層次二），最後再想看看課文主題中有哪些相關的經驗，可以用來與課文的內容做比較或對照，依據這樣的答案來擬出層次三的問題。

Q3：學生一次要擬出三個層次的問題有困難，怎麼辦？

A：有些學生的擬題學習能力不能一次擬出三層次的問題，此時教師可以依學生的個別程度讓他只擬層次一或層次一、二的問題。在擬題的分

組問答時，教師就需要在各組放不同程度的學生，讓每個學生都有回答問題、訓練口語表達的機會。

Q4：學生不會擬第二層次或第三層次的問題，怎麼辦？

A：第二層次及第三層次的問題本來就是比較難擬的，教師必須給學生更多的機會練習。通常學生可先熟悉擬第一層次的問題，如上述步驟引導，必要時可以用表 5-18 的提示項目給學生參考，但如果表內項目連教師都不清楚，就可以不提供給學生，不用窮盡。

另外，還可以用學生熟悉的故事或文章說明三層次擬題的意義，例如：有教師曾用灰姑娘的故事講解問題的層次，層次一的問題：「灰姑娘穿什麼鞋去舞會？」學生能夠回答出玻璃鞋，這是因為文章裡有寫；層次二的問題：「為什麼王子都找不到玻璃鞋的主人？」文章裡沒有明白寫出來，但學生可以從故事的脈絡來推測；層次三的問題：「灰姑娘嫁入皇家以後，可能會出現什麼問題？」學生就知道這類問題就是文章沒講，但可以靠自己的經驗去推論的問題。

Q5：如何讓擬題活動變得更有趣？

A：擬題是辛苦的，為了增加擬題活動的學習動機以及學習的效果，教師可以拿擬好的題目來做分組問答，例如：分成 A、B 兩組競賽，比賽哪一組擬的題目多，由各組唸出自己擬的題目考對方，由教師辨識擬題層次作點數增強加分。

另外，也可以用擬題賓果的方式，把題目放在賓果九宮格內，依照賓果遊戲的方式一格一格回答，每一格的分數依照題目的層次來給，或是回答正確先連出賓果線者獲勝。教師亦可以依據教學目標自行修改遊戲規則。

表 5-18　三層次擬題之項目參考

層次一：直接提取	層次二：直接推論（1〜4）、詮釋整合（5〜7）	層次三：比較批判
1. 故事的場景，例如：時間、地點。 2. 字詞或句子的定義。 3. 特定目標有關的訊息。 4. 特定的想法、論點。 5. 找出文章中明確陳述的主題句或主要觀點。	1. 找出代名詞與主詞的關係。 2. 描述人物間的關係。 3. 推論出某事件所導致的另一事件。 4. 在一串論點或一段文字後歸納出重點。 5. 詮釋文中人物可能的特質、行為與作法。 6. 比較及對照文章訊息。 7. 歸納全文訊息或主題。 8. 推測故事中的語氣或氣氛。 9. 詮釋文中訊息在真實世界中的應用。	1. 評估文章所描述事件確實發生的可能性。 2. 描述作者如何安排讓人出乎意料的結局。 3. 評斷文章的完整性，或闡明、澄清文中的訊息。 4. 找出作者論述的立場。

七、由文本找支持的理由

（一）教學設計

　　由文本找支持的理由是要訓練學生能夠在文章中找出證據，來支持自己所提出的意見。這個練習的目的有二方面：一是讓學生學習在回答關於文章的問題時，一定要回到文本脈絡去搜尋；二是讓學生理解當表達任何一個意見時，都必須有證據可以支持，而不是出自於毫無根據的想像。此策略可以用在提問，可以用在課文中的提問，以促進學生理解。本教材因

應主題，特別設計一個活動。這個教學活動安排在模組五第一課〈不同角度看歷史：中英兩國的鴉片戰爭〉中的「國際法庭答辯學習單」進行，該學習單中請學生擔任清廷或英國的辯護律師，就雙方的立場為簽訂南京條約之事提出答辯，而且答辯的意見都要從該課課文或補充資料中找到證據來支持。學習單如圖 5-14 所示。

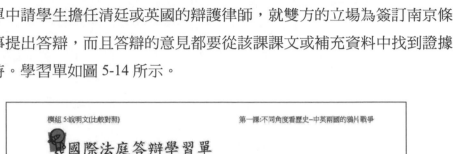

模組 5:說明文(比較對照)　　　　　　　　第一課:不同角度看歷史–中英兩國的鴉片戰爭

國際法庭答辯學習單

中、英兩國因為當時的國家政治、社會生活、文化背景…等差異，造成兩國大戰。如果我們擁有時光機可以倒轉回中國與英國簽訂不平等條約的前 3 天…，雙方辯護律師有機會可以在國際法庭中向法官說明自己國家的立場和想法時，你會想當哪一國的辯護律師呢？

請為自己支持的國家向國際法庭提出控訴，並從文章和補充資料中找出證據及摘要內容。

支持國家	英國	
我的想法…	引用證據	
	資料內容 摘要重點	出處
1. 清廷本身的政府體制不好	清廷政府腐敗、社會亂象多	■文章第(1)段 □補充資料
2. 不尊重我國派出的使團	1. 清朝政府只關心禮節問題，對英國提出的建交和通商的要求，一律採取漠視和拒絕的態度。 2. 要求行叩頭跪拜禮	■文章第(3)段 ■補充資料
3. 清廷的行動侵犯了英國的財產和貿易權	鴉片被清廷擅自銷燬	■文章第(5)段 □補充資料
4. 百姓不友善，常常想看我們出糗	有許多百姓等著看外國人鬧笑話	□文章第(　)段 ■補充資料

圖 5-14　國際法庭答辯學習單

模組 5:說明文(比較對照)　　　　　　　第一課:不同角度看歷史--中英兩國的鴉片戰爭

支持國家	中國	
	引用證據	
我的想法…	資料內容 摘要重點	出處
1.英國想繼續擴大版圖，這會對我國造成安全危機	英國已經開始在世界各地擴張殖民地，而下一個想要打開的貿易市場就是人口眾多、物資豐富的東方。	■文章第(2)段 □補充資料
2.英國輸入鴉片，危害我國國民健康	英國人不僅走私鴉片，榨取國家的財富，更嚴重的是危害了國人的身體健康。	■文章第(4)段 □補充資料
3.百姓圍觀並無惡意，只是好奇	外國人對我們的風俗不了解，每次出門都會發生一些問題，所以老百姓都紛紛前來看熱鬧。	□文章第(5)段 ■補充資料
4.入境隨俗才是禮儀	馬加爾尼對乾隆皇帝無禮。	■文章第(3)段 ■補充資料

圖 5-14　國際法庭答辯學習單（續）

　　有教師反應這個活動可以提升學生整合資訊的興趣，也有機會看到學生整合資訊的能力。

第六章　寫作

　　本教材的設計理念是採讀寫合一的方式，以增強文體知識的理解和運用，也希望提升全面性的語文能力，因此在每個模組的最後一個單元都安排綜合複習活動，也就是該文體的寫作，以此做為統整文體結構的綜合練習。在寫作教學上，本教材在每個模組共同的部分是：將寫作步驟化，逐步教導學生透過不同步驟產出短文。各模組寫作的步驟有五：(1)文體賞析：用範文或該模組之前課文引導學生賞析結構（Appreciation），建立文體結構之概念；(2)引導討論形成主題：引導學生依據撰寫主題蒐集相關資訊，透過討論聚焦出主題（Focus）；(3)擬稿：俗稱打草稿（Draft），就是讓學生依據主題把原來的資訊放入結構表，再利用結構表來檢查草稿架構的完整性；(4)寫作：開始執行寫作的行動（Action），並注意安排草稿內容的順序；(5)檢核：利用檢核表自我檢核（Review）和修改，各模組提供不同檢查重點做為檢核的項目，教師也可以依據學生常犯的問題增加學生的檢核項目。

　　另外，由於記敘文的寫作需要學生學習描述手法的技巧以及增加描繪的詞彙，因此本教材也會在模組一～三的教學文中，融入故事體、寫人、寫景之描述手法的教學活動，以及在模組二、三的彈性課程中協助學生建立寫人及寫景的詞庫，以做為期末綜合複習寫作前的預備練習。以下說明將從寫作前的預備練習「建立詞庫」、「描述手法」開始說明，接著再說明寫作步驟中的「擬稿」、「檢核」，而把通用步驟中的文體賞析、引導討論、寫作等省略說明。各步驟之實施說明如下，詳細範例可參見國中語文精進課程的各模組教案。

一、建立詞庫

（一）教學設計

寫作時除了可以使用文章結構來建立文章脈絡以外，也必須要有足夠詞彙的準備，而且詞彙也代表概念的豐富性，尤其在重視描寫的記敘文裡，更需要足夠的詞彙讓學生精準的描述。因此，在本教材模組二、三的寫人、寫景寫作中，特別在正式寫作前安排「建立詞庫」的彈性課程，讓教師帶領學生先從所學的課文中找出關於寫人的內在、外在、行動的詞彙，或找出寫景的詞彙後，再請學生想出更多描寫的詞彙，接著再進行詞彙分類，最後將分類後的詞彙整理到詞庫單表格中，形成描寫的詞彙庫，並且鼓勵學生在寫作時運用出來。上述寫作前的建立詞庫學習單（我的詞庫單）詳見圖 6-1、圖 6-2 所示。

此外，在進入模組五的寫作之前，也安排了連接詞練習的彈性課程，主要是因為連接詞在說明文中具有關鍵的地位。此練習讓學生先學會如何正確判斷句子的前後語境及使用正確的連接詞，該教學之內容及步驟詳見第三章句型三、連接詞造句之說明，此處不多贅述。

上述詞彙的準備除了本教材的設計之外，教師也可以自己增加在沒有設計的模組中或其他寫作活動，以協助學生建立寫作的準備程序。

（二）教師困境與教學調整

Q1：學生寫作時詞彙不夠或說不會寫，此時該怎麼辦？

A：學生不會寫包含兩種情況：一種是沒有內容；另一種是不會表達。在寫作之前，即使有寫作的主題引導，讓學生找到想寫的經驗，但因為低成就學生經常有字詞限制的問題，所以寫作時會出現詞窮的困境，或是在搜尋適當的詞彙時會出現思考不流暢的情況，所以本教材建議在所有的寫作之前，除了上述步驟二的引導討論之外，應參考上述的

我的詞庫單

說明：請將寫人內、外在的詞語依類別填進下方表格中。

類別	詞語
相貌	濃眉大眼、明眸皓齒、唇紅齒白、眉清目秀、金髮碧眼
表情	猙獰、和顏悅色、和藹、愁眉苦臉
身材	高、矮、胖、瘦、窈窕、虎背熊腰、水桶腰
膚色	白皙、黝黑、紅潤、蒼白
整體形象	漂亮、美麗、艷麗、標緻、醜陋、帥、英俊
性格	善良、天真、和善、兇狠、陰險、吝嗇、大方、溫柔、活潑、文靜、傲慢、獨立、懶散、機靈、冷漠、固執
行為舉止	魯莽、衝動、笨拙、神經質、優柔寡斷、猶豫不決、明快

圖 6-1　模組二寫人：我的詞庫單

模組 3:記敘文(寫景)　　　　　　　　　　　　　　　彈性課程 3:建立詞庫

我的詞庫單

詞語的類別	詞語
跟顏色有關的	魚肚白、粉紅色、火紅般的鮮紅、青翠、牛奶藍與湛藍、白茫茫、金色的、火紅、雪白、靛青、碧綠、綠綠的
跟形狀、外形有關的	蜿蜒、陡峭
跟狀態有關的	險峻、昏暗、壯觀、狂暴、茂盛、寧靜、清澈、美麗、晶瑩閃亮、古樸灰暗、淳樸、典雅。
聽覺有關的	潺潺、嘩嘩、格格
譬喻	魚肚白、火紅般的鮮紅

圖 6-2　模組三寫景：我的詞庫單

詞彙活動去增加一個活動，以協助學生建立自己寫作題目／主題的詞彙庫。活動請參考上述教學設計的說明，而如果該模組教案內未安排建立詞庫的活動，經教師評估學生仍需要此活動時，則請教師自行增加。

有教師表示，在進行模組二寫人「我的詞庫單」填寫的過程中，同學們都相當踴躍舉手分享，有不少令人驚艷的答案在其中，雖然在「身材」、「膚色」的回應上，較顯單調，多只能回答高、矮、胖、瘦、紅膚色、黑膚色、白膚色、黃膚色等較無其他修飾的文詞（101 屏東教師，G7），但教師藉此能發現學生對此主題的偏態經驗，即可以事先引導學生在其他方面的聯想與準備。

Q2：學生在進行建立詞庫活動時，花太多時間想詞語或不知道怎麼想，怎麼辦？

A：教師可以依據文章的性質給予類別的提示，例如：想寫景的詞語時，教師可以提示學生：「想跟視覺有關的詞語，或與顏色有關的詞語等……。」學生在很快想出相對應的詞語後，教師可以再提示其他的，例如：「還有沒有跟感官有關的詞語……」等，或是請學生由模組內的課文生詞找靈感。上述的詞庫活動和歸類就可以解決這個問題。

Q3：學生在想詞彙時只會產生某一個類型的詞彙而明顯偏袒，例如：都只想出名詞時，怎麼辦？

A：當學生只想出某一類型的詞彙，可能顯示學生的固著思考，低成就學生常會有發散思考彈性不夠的情形，此時教師可以提供回饋，例如：「怎麼都是名詞？怎麼都是跟顏色有關的？」接著教師可進一步提問：「還有沒有其他的詞語？如修飾的詞彙或動作的詞彙呢？」或是「除了顏色之外，還有沒有形狀、外觀、大小的詞語？」或是「還有沒有描述其他感覺的詞語？如聽覺、觸覺、嗅覺等」。

二、描述手法

（一）教學設計

1. 模組一：記敘文（故事體）的描述手法

　　故事體的描述手法，包括：敘述角度（人稱）、敘述方式（順序、倒敘），以及在文章結構中已經教導過的 6W，這些描述手法在本教材中是透過教師直接講述的方式來進行教學，並且搭配「故事描述分析表」及「記敘文（故事）人稱學習單」讓學生練習，如圖 6-3、6-4 所示。

故事描述分析表

	勾選選項
敘述角度	□第一人稱 ■第三人稱
敘述時間基準點 （什麼時候發生）	■現在(近代) □過去
敘述地點 （在哪裡發生）	■有：<u>麵店</u> □無
出場人物	男孩、眼盲的中年男子（爸爸）

事件一	地點	■固定□改變：＿＿＿＿
	主要人物 （聚光燈）	□相同■改變：<u>男孩</u>
	時間順序	□倒回■延續□其他：＿＿＿
事件二	地點	■固定□改變：＿＿＿＿
	主要人物 （聚光燈）	□相同■改變：<u>男孩、爸爸</u>
	時間順序	□倒回■延續□其他：＿＿＿
事件三	地點	■固定□改變：＿＿＿＿
	主要人物 （聚光燈）	□相同■改變：<u>老闆、男孩</u>
	時間順序	□倒回■延續□其他：＿＿＿
事件四	地點	■固定□改變：＿＿＿＿
	主要人物 （聚光燈）	□相同■改變：<u>老闆</u>
	時間順序	□倒回■延續□其他：＿＿＿
敘述方式	■順敘 □倒敘 □其他	

圖 6-3　模組一的故事描述分析表

記敘文（故事）人稱學習單

故事體中的人稱手法可以分為第一人稱與第三人稱：

1. 第一人稱： 第一人稱就是以「我」的角度去寫，「我」看到了什麼，「我」想些什麼，「我」做了些什麼。敘事者以當事人的角度描寫故事，通常敘事者也是故事中的一員。

2. 第三人稱： 第三人稱的敘事者主要是站在宏觀的角度來描述故事，也就是說敘事者能了解所有角色的想法、故事的來龍去脈以及未來發展等，通常以「他/她」作為媒介呈現故事。

想一想以下文章的段落，是屬於哪一種人稱的寫法？
例題一：

☐ 第一人稱　　■ 第三人稱

> 　　畫家姊妹倆，一個叫二喬，一個叫四美，到祥雲時裝公司去試衣服。後天她們大哥結婚，就是她們倆做儐相。二喬問夥計：「新娘子來了沒有？」夥計答道：「來了，在裏面的小房間裡。」四美拉著二喬道：「二姐你看掛在那邊的那塊黃的，斜條的。」二喬道：「黃的你已經有一件了。」四美笑道：「還不趁這個機會多做兩件，這兩天爸爸總不好意思跟人家發脾氣。」兩人走過去把那件衣料搓搓捏捏，問了價錢，又問可掉色。
>
> 　　　　　　　　　　　　　　　　　　　　張愛玲〈鴻鸞禧〉

1

圖 6-4　模組一的記敘文（故事）人稱學習單

☆ 練習題：

1. ■第一人稱　□第三人稱

> 　　四月裡的一個清晨，我在原宿的一條巷子裡，和一位100%的女孩擦肩而過。並不是怎麼漂亮的女孩，也沒穿什麼別致的衣服，頭髮後面，甚至還殘留著睡覺壓扁的痕跡，年齡很可能已經接近三十了。可是從五十公尺外，我已經非常肯定，她對我來說，正是100%的女孩。
>
> <u>村上春樹</u>〈遇見100%的女孩〉

2. □第一人稱　■第三人稱

> 　　每個人都說葛蘭潔老師有雙透視眼。在她周圍十五公尺的範圍內，你根本別想偷嚼口香糖。如果你膽敢試一次，葛蘭潔老師絕對會看到你、逮住你、叫你把口香糖黏在一張亮黃色的索引卡上，然後用安全別針把卡片固定在你的襯衫上，你得一整天都佩戴著那張卡片。
>
> <u>安德魯・克萊門斯</u>〈我們叫它粉靈豆〉

3. ■第一人稱　□第三人稱

> 　　我很喜歡牙醫阿姨，因為每次我到診所去，她總是有說有笑，還請我喝果汁、飲料，看漫畫書，享受最好的待遇。病人並不是我，是我的妹妹。根據阿姨的說法，妹妹就是因為從小沒有養成良好的刷牙習慣，又貪吃糖果，才會造成滿嘴的蛀牙。
>
> <u>侯文詠</u>〈頑皮故事集〉

4. □第一人稱　■第三人稱

> 　　<u>柳原</u>道：「我們到那邊去走走。」<u>流蘇</u>不作聲。他走，她就緩緩的跟了過去。時間橫豎還早，路上散步的人多著呢──沒關係。從<u>淺水灣</u>飯店過去一截子路，空中飛跨著一座橋樑，橋那邊是山，橋這邊是一堵灰磚砌成的牆壁，攔住了這邊的山。<u>柳原</u>靠在牆上，<u>流蘇</u>也就靠在牆上，一眼看上去，那堵牆極高極高，望不見邊。
>
> <u>張愛玲</u>〈傾城之戀〉

2

圖 6-4　模組一記敘文（故事）人稱學習單（續）

　　此外，為了讓學生更容易把寫作上手，特地在第一課安排「描述練習學習單」，讓學生練習描述一個體貼的行為，一方面讓學生熟悉事件的元素，另一方面也可讓學生先練習如何描述部分，以做為期末時綜合複習寫作的預備。學習單如圖 6-5 所示。

圖 6-5　模組一描述練習學習單

2. 模組二：記敘文（寫人）的描述手法

寫人記敘文的描述重點在人物，因此在本模組教材第一課中以「寫人記敘文描述手法學習單」，來教導學生區分事件描述與特質描述。其中，事件描述的元素是延續學生在模組一學過的事件元素，差別只在於把故事

體事件元素中的「衝突」、「行動」合稱為「經過」，因此教師在教學時，可以引導學生回想模組一裡學過的事件元素，再進行模組二文體的事件描述教學。另外，特質描述又可分成「內在」、「外在」、「行動」三種，是指用「內在」、「外在」、「行動」三種特質來描述一個人物。而為了配合這兩種寫人描述方式的教學，本模組在第一課主要是在練習事件描述，第二課是在練習特質描述。上述學習單如圖 6-6 所示。

寫人記敘文描述手法學習單

寫人記敘文的描述手法可以分為**事件描述**與**特質描述**：

1. **事件描述**：事件描述指的是用一個完整的事件來描述一個人，完整的事件包含了事件發生的經過與結果。

2. **特質描述**：特質描述指的是以「內在」、「外在」及「行動」來表現人的特質。內在包括人的情緒、內心感受、個性和想法，外在則是指人的相貌、表情和身體四肢等，而行動則是人對事情的反應與舉止。

例題一：
□事件描述
■特質描述：□內在 ■外在 □行動

> 差不多先生的相貌，和你和我都差不多。他有一雙眼睛，但看的不很清楚；有兩隻耳朵，但聽的不很分明；有鼻子和嘴，但他對於氣味和口味都不很講究。
>
> （節選自胡適《差不多先生傳》）

例題二：
■事件描述
□特質描述：□內在 □外在 □行動

> 他在學堂的時候，先生問他：「直隸省的西邊是哪一省？」他說是陝西。先生說：「錯了，是山西，不是陝西。」他說：「陝西同山西，不是差不多嗎？」
>
> （節選自胡適《差不多先生傳》）

圖 6-6　模組二寫人記敘文描述手法學習單

☆練習題：

1. □事件描述
　　■特質描述：□內在　■外在　□行動

> 從夜色中走進來的，不是什麼斯文的音樂家，而是一位宛如金剛羅漢般的黛黑男子。他粗厚的手腳像剛從山間工作歸來，還沒拭盡泥水。搖晃著高大的身體，他面無表情，也不多話，坐下來，順手撈起一把椰殼胡琴，就咿咿啞啞地調起弦來。
>
> （節選自奚淞《美濃的農夫琴師》）

2. ■事件描述
　　□特質描述：□內在　□外在　□行動

> 李遠哲回憶他最早享受「創造」的快樂是在國小一年級的時候。他和家人經常在山上避難，躲避盟軍的轟炸。有一次他在山上發現了一個老人在砍竹子，砍下竹子之後就用刀把竹子剖開，然後再把竹片和竹皮分開來處理，最後做了一把扇子。李遠哲的好奇心使他立刻也學那老人做扇子，花了好長的時間，他很有耐心地完成他人生中第一件「工具」——一把扇子。
>
> （節選自小野《竹扇子與竹籃子》）

3. □事件描述
　　■特質描述：□內在　■外在　■行動

> 這位先生衣冠總是整齊而合宜的；他的視盼和鵠中帶有嚴肅；他的舉止恭敬卻很自然。他平常對人樸拙得像不會說話，但遇著該發言的時候卻又辯才無礙，間或點綴以輕微的詼諧。
>
> （節選自張蔭麟《孔子的人格》）

4. □事件描述
　　■特質描述｜■內在　□外在　□行動

> 他所喜歡的性格是「剛毅木訥」，他所痛惡的是「巧言令色」。他永遠是寧靜舒適的，他一點也不驕矜，凡有所長的，他都請教。
>
> （節選自張蔭麟《孔子的人格》）

圖 6-6　模組二寫人記敘文描述手法學習單（續）

3. 模組三：記敘文（寫景）的描述手法

　　寫景記敘文的描述重點在景物，因此在本模組教材第一課中以「寫景記敘文描述手法學習單 1」，來教導學生描寫景物時應包括主觀描寫和客觀描寫，接著再用「寫景記敘文描述手法學習單 2」，來教導學生描寫景物的定點描寫、動點描寫、拉近焦點、拉遠焦點、固定焦點等常見的移動方式。上述學習單如圖 6-7 所示。

寫景記敘文描述手法學習單 1

一、主、客觀描寫：

寫景記敘文的描述手法可以分為客觀描寫、主觀詮釋：

1. 客觀描寫：作者具體、準確地描繪事物本來的面貌，不帶有自己的情緒、感覺、想法，簡單說就是那個被描寫的事物無論任何人來看，畫面都是差不多的，即便使用譬喻、擬人、誇飾的修辭手法來形容，只要合乎真實的情境畫面，也可算是客觀描寫。
2. 主觀詮釋：作者在描繪事物時，會放入自己的情緒、感覺和想法，簡單說就是那個被描寫的事物會因為不同人來寫而有不同的畫面、面貌和詮釋。
3. 主客觀兼具：整段句子的描述有客觀描寫，也有主觀詮釋。

例題一：

■客觀描寫 □ 主觀詮釋 □主客觀兼具(請在句子上標出：單線客觀框格主觀)

遠方的山頂就像一座座的小島般，從我們腳下漂浮的霧海中隆起。

例題二：

□客觀描寫 □主觀詮釋 ■主客觀兼具(請在句子上標出：單線客觀框格主觀)

出了前院，沿著小溪，我和爸爸牽著手在田間的小路上走著，覺得空氣格外清涼。那股清涼好像是隨著月光撒下來似的，正如日光撒下熱一般。隆冬時人們喜歡陽光，這個時刻，無論誰都會喜歡這涼爽的月光。

☆ **練習題：**

1.

■客觀描寫 □ 主觀詮釋 □主客觀兼具(請在句子上標出：單線客觀框格主觀)

都蘭鼻海邊的光影更是變化萬千，海潮雕琢的大量奇石，被風不斷邊移變換的沙丘，牛奶藍與湛藍相間的海水，常伴著陡峭險峻的斷崖。

2.

□客觀描寫 □主觀詮釋■主客觀兼具(請在句子上標出：單線客觀框格主觀)

我張開眼睛，發現雨林裡更加昏暗，光線幾乎都不見了，空氣也變得格外溼黏悶熱，我們立刻搭起小營帳。在奇怪的寂靜中，一陣狂烈的疾風由遠而近，吹得樹搖葉飛，緊接著，石礫般粗大的雨珠從樹林上頭傾盆而下。閃電隨之而來，爆裂的雷聲在四周迴盪，震人心弦。然而，不過半個小時左右，暴雨倏然停止，大地一下子靜了下來，彷彿什麼事也沒發生。

3.

□客觀描寫 □主觀詮釋 ■主客觀兼具(請在句子上標出：單線客觀框格主觀)

我喜歡華爾騰湖，也喜歡湖畔的森林和山崗。華爾騰湖的景色很美，蜿蜒的湖岸，成了森林最柔美的界線。周遭的樹，因為有足夠的空間，紛紛向湖邊伸展粗壯的手臂──它們也喜歡華爾騰湖。這裡人煙稀少，湖水輕拍著湖岸，好像千百年來都是這樣。一八四五年，我在湖畔搭了一棟小木屋，住了下來。這是我一生中最美好的時光。

圖 6-7 模組三寫景記敘文描述手法學習單

綜合而言，在記敘文的描述手法上，故事體有描述時間點的「順敘、倒敘」，寫人有描述人物的「內在、外在、行動」，寫景有描述移動方式的「動點、定點」及「主觀、客觀」等的區分，上述這些都是學生比較容易混淆的部分；然本教材為了提供學生足夠的範例，所以在每一個特徵中都只安排在某一課中練習，因此對某些學生來說，這些例子可能是不夠的，此時教師除了可用教材的學習單講解以外，更應該用學生熟悉的經驗當例子，最好引用國文課本內的課文，讓學生實際去做區分及比對，例如：有教師分享在教寫景手法的定點描寫時，較多舉教室外的景觀為例：遠山、黎明技術學院、高速公路、泰山教學大樓、同心花園、教室等；而在教動點描寫時，會請學生回想坐捷運淡水線欣賞窗外美景沿線變化的經驗，透過生活經驗的實例，學生會更易掌握概念。

（二）教師困境與教學調整

Q1：當學生在課堂寫作時，說他想不出來，怎麼辦？

A：本教材的寫作是安排在閱讀文章之後（學期期末），且模組內的文章數量並不多，很多學生在讀過文本之後，還無法建立足夠的文本基模，也就是上述步驟一的文體賞析完成後仍無法模仿，學生並無法從課文連結到自己的經驗，也無法從主題中找到自己的生活經驗。此時第二步驟的引導討論就很重要，教師可以使用以下的引導方式：

1. 擴大學生的具體化經驗：例如本節下一個問題 Q3（第 136 頁）。

2. 擴大經驗的類型：例如本書第二章提到的例子（第 45 頁），同樣要寫一篇寫景文，但主題不同（山居生活／校外教學），會聯想到的詞語就會不同。

3. 由大家寫共同的主題：先選出一個大家共同的經驗，例如：大家都熟悉的教師（寫人）或校園（寫景）或玩具（寫物的特徵），讓學

生討論，接著教師再選一個班上能力好的同學來口頭講，講完後教師再引導其他同學補充，補充完後將這些敘述的內容放到該文章的架構裡，最後再利用文章架構去檢查還少了什麼。以寫人來舉例，這是教師利用共同的人物來示範架構寫作的思考歷程，並將大家共同討論出來的內容寫出一個範例，讓學生由範例裡選出自己想寫的內容，也鼓勵學生可以對這個主題有各自的想法和重點，不一定要完全用剛才共同找的人物來寫。

有教師在進行完寫人寫作教學後提出回饋意見：「記人寫作的題材就有三位同學以『謝〇同學』為其主角，看得出同學間相處十分融洽。另外，還有同學以『官將首』和『鋼彈人』為題，且書寫內容相當認真、懇切與有趣，寫作功力與一年級相比有大幅的進步」（102 屏東教師，G8）。教師對學生進步的原因，歸因於本教材的寫作活動之主題是學生自訂且喜愛的，比較好發揮。

Q2：教師示範過文章結構、事件描述後，但學生還不會，怎麼辦？

A：寫作是一個複雜的心智歷程，需要提供學生多練習的機會，當教師示範過後，就請學生練習，除非學生程度很好，對於語文能力較差的學生不應該期待馬上就會。教師可以利用寫作之架構協助學生運用所學的部分，例如：事件描述不會時，可以鼓勵學生先把自己想到的寫下來，教師再將他寫的內容依據事件的元素讓學生標出來，讓其透過標記的方式來歸納，把事件區分出來。另外，也可以透過元素標記的方式讓學生自己覺察在事件的描述上還缺什麼、還需要補充什麼，以協助引導學生分步去完成，不求一次完成。

Q3：有些學生在描述事件時，事件的衝突、行動、結果的關係不明確，或描寫特質所提供的細節與主題不明確、段落連貫性不佳時，怎麼辦？

A：每一個段落之間的連貫需要學生對文章有全盤概念，且對文章結構可以後設，但這不是學生在寫作時能同時兼顧到的。當發現學生有這樣的問題時，教師可以在學生擬好草稿後，利用提問引導學生覺察和修改：「為什麼這件事需要這樣做呢？」明白指出事件的衝突和行動之間的關係。如果關係不明確，讓學生再去補充說明；如果學生沒有能力修改，教師可以跟學生討論，利用口頭討論幫學生找到可能的關係，然後再把學生想表達的修改成符合「衝突、行動」的寫法，講給學生聽，讓學生確定之後，請學生依據你的描述用文字寫出來。

同樣的，當描寫特質所提供的細節與主題不明確時，教師可先用提問的方式讓學生去修改，可以問學生：「為什麼這樣的行為是體貼的？為什麼這樣的行為是有愛心的？」透過口頭討論幫助學生找到和主題有關的細節，並讓學生確定哪些細節要放在同一段的這個主題下，才讓學生去寫。上述兩種不同協助層次主要是依據學生的程度而定，這種差異化的引導步驟摘要如表 6-1 所示。

表 6-1　不同層次的提問引導學生覺察和修改文章

層次一	層次二
教師提問→學生修改	教師提問→學生回答→師生討論（追問與回答）→教師歸納→學生確定→學生寫

Q4：學生對於故事中所描述的時間點較難掌握，難以分辨過去、現在（當時）、未來，怎麼辦？

A：有一些故事文本可以很容易教學生用時間複詞找到時間點，以區分過去、現在（當時）、未來，但如果文章都沒有出現明確的時間訊息，或是僅有一個中性的訊息，例如：某一個晚上，而且整個故事都在描

述當晚的情景時，教師可以讓學生了解整個故事都是在講當時的狀況，時間沒有太大的變化，所以這個故事可以假設時間點就是現在（當時）。此亦可參考本教材模組一教師手冊第 67 頁的教學程序。

Q5：學生對於故事的時間安排是採順序法或倒敘法，若還是不了解，怎麼辦？

A：本教材為了提供學生足夠的範例，所以在順敘或倒敘的時間順序教學上各只安排在一課中，倒敘法因時間點的變化，對學生而言本來就比較困難，如果經教師解說後學生還有困難，建議教師可以多提供其他文本或找教科書的課文讓學生練習，例如：「背影」、「謝天」等文章，或讓學生練習用倒敘的方式描述自己的故事，例如：校外教學回到學校看照片時，讓學生先描述看照片的情形，再去回溯拍照當時的情況，甚至可以讓時間回溯到更早之前的出發安排，例如：搭車時、前一天晚上的準備等。

Q6：學生難以區分寫人描述手法的「外在」與「行動」的差別，怎麼辦？

A：描寫人物特質包括寫人的「內在」、「外在」與「行動」。當教師第一次進行教學時，可以先跟學生解釋：外在特徵是一個持續穩定、可觀察得到、不容易改變的，行動是依情況所表現出來的動作，接著在教學時可以在原來的課本上讓學生知道這是哪一種描寫，例如：本教材模組二第二課〈莎莉文老師〉中，「用手語為海倫‧凱勒複誦修改打字稿，為海倫‧凱勒唸了很多書」，教師可明白告訴學生這是「行動」；「莎莉文老師靠著一副度數很深的眼鏡來閱讀」，教師可明白告訴學生這是在描述莎莉文老師的視力很差，是指她的「外在」特質，等到寫作練習時再說明一次，學生就會比較有經驗。

三、擬稿（打草稿）

（一）教學設計

1. 用文章結構擬稿

　　擬稿就是打草稿，也就是將頭腦中構思的想法利用圖表先大概的記錄下來，以做為正式寫作前的參考。擬稿就像煮菜前的備料工作，準備好的學生對於寫作就能自動產出愈多。草稿可以關鍵詞即可，如果學生比較難產出段落，草稿就要寫得比較多，例如：用句子代表各結構表內的成分，接著再將表格內的訊息依照要突顯的文章重點一一重組、排列，再加入適合的詞彙、連接詞等，以增添文章的豐富性，最後組織成一篇正式的文章。本教材的寫作設計概念為讀寫合一，因此特別重視參考所學的文章結構來擬稿，也就是學生能運用在該模組中重複學習的文章結構做為骨架，以組織出文章的架構。以下呈現模組二寫人記敘文的寫作練習單，以及模組四特徵說明文的寫作練習單，如圖 6-8、6-9 所示。

記人寫作學習單

一、選一個讓你難忘或對你重要的人，想想看你對他的瞭解，依據下列的項目試著寫出你想寫的內容。

你想寫的人（跟你的關係）	我的同學
讓你印象深刻的特質	1.外在：(1)臉型長長的。(2)眼睛瞇瞇的。(3)說話的時候很大聲。 2.內在：(1)很喜歡幫助人。(2)很有自己的想法。(3)有禮貌。
展現出特質的行為或事件	2-1.很喜歡幫助人：我有不會的功課都可以問他，他會先解釋給我聽，然後很有耐心的教導我。 2-2.很有自己的想法：經常舉手回答老師的問題，每次都回答得很好，老師也會稱讚他。 2-3.有禮貌：看到師長會問好，受到同學幫助時會很誠懇的道謝。
他對你的意義	他是我在學校最要好的朋友，也是我想學習的模範，就算將來畢業了，我也一定會跟他保持聯絡。
寫作檢核	☑完整性：每一個內在特質都有例子可以支持 ☑詞語運用：請檢查例子的描述是否清楚明白
安排順序	1.先寫外在再寫內在 2.內在的舉例順序： (1)有自己的想法 (2)喜歡幫助人 (3)對人有禮貌 3.最後寫對我的意義

圖 6-8　模組二的寫人記敘文寫作練習單

二、短文練習：請試著將上方的內容寫成一篇 200 字以上的短文。

> 　　在班上，我有一個很崇拜的同學，他的臉型長長的，眼睛瞇瞇的，說話的時候總是很大聲，每天都很有精神。我崇拜他的原因有很多，第一是他很有自己的想法，他經常舉手回答老師的問題，每次都回答得很好，都會得到老師的稱讚。第二個原因是他很喜歡幫助別人，我有不會的功課都可以問他，他會先解釋給我聽，然後很有耐心的教我。當然，他還很有禮貌，看到師長會問好，受到同學的幫助時，他也會很誠懇的道謝。他是我在班上最要好的朋友，也是我想學習的模範，就算我將來畢業了，我也一定會跟他保持聯絡。

三、短文分段練習：請試著依照不同的重點把文章分段，並寫出各段的重點，組織成一篇有段落的文章。

第一段重點：<u>外在特質</u>
> 　　在班上，我有一個很崇拜的同學，他的臉型長長的，眼睛瞇瞇的，說話的時候總是很大聲，每天都很有精神。

第二段重點：<u>崇拜的原因（內在特質）</u>
> 　　我崇拜他的原因有很多，第一是他很有自己的想法，他經常舉手回答老師的問題，每次都回答得很好，都會得到老師的稱讚。第二個原因是他很喜歡幫助別人，我有不會的功課都可以問他，他會先解釋給我聽，然後很有耐心的教我。當然，他還很有禮貌，看到師長會問好，受到同學的幫助時，他也會很誠懇的道謝。

第三段重點：<u>對我的意義</u>
> 　　他是我在班上最要好的朋友，也是我想學習的模範，就算我將來畢業了，我也一定會跟他保持聯絡。

圖 6-8　模組二的寫人記敘文寫作練習單（續）

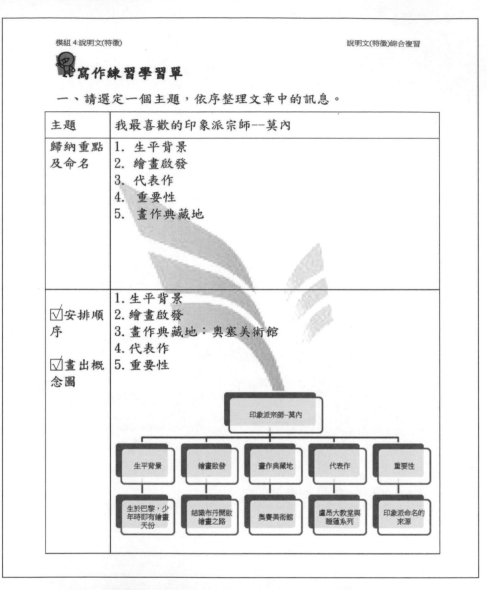

圖 6-9　模組四的特徵說明文寫作練習單

二、短文寫作：從以上訊息寫出一篇 250 字以上的短文。

> 　　克勞德‧莫內，1840 年生於巴黎，在他很小的時候就已經表現出很好的繪畫天份，之後他認識了畫家布丹，正式開啟了繪畫之路。莫內的多幅名畫都收藏在巴黎的奧塞美術館，其中包括盧昂大教堂和睡蓮系列作品，「盧昂大教堂」是一幅描繪早晨時分的作品，用黃色和藍色調表現了清晨的美麗景致，且在一天之內畫過 14 幅盧昂大教堂，表現出不同光線。而睡蓮系列作品的重點則在於池塘水面的光影變化來自於舞動在池塘水面上的閃閃波光，〈睡蓮池〉1899 年畫於巴黎西郊吉維尼花園，這幅畫的主題是眺望水的倒影。橫跨在池面上的日本橋，是受到日本浮士繪所影響。另一幅莫內的名畫〈印象‧日出〉則是印象派命名的由來，由此可見莫內印象派宗師的地位。
>
> 　　而在這三幅作品中，我最喜歡的是〈睡蓮池〉，因為這幅畫的用色是我最喜歡的綠色色調，而且在綠色色調中點綴著些許的粉紅色，兩種色調互相襯托，不論是誰來觀賞，都能感受到整幅畫呈現出的寧靜氛圍，而這也是我喜歡莫內畫作的原因。

圖 6-9　模組四的特徵說明文寫作練習單（續）

2. 找資料決定架構

　　考慮說明文的寫作並不全然來自個人知識，可能需要參考閱讀資料，因此，在本教材模組四的寫作練習中，安排了一篇「印象派」短文，並提供與印象派有關的其他資料，例如：「奧塞美術館」、「學院派」、「莫內的系列作品」等，此寫作類似寫學期報告，需要整合不同文章的訊息。教師在進行教學時，應先請學生閱讀所提供的各種文本資料，接著引導學生歸納「印象派」文章的重點及命名，再將所讀到的重點利用語意概念圖建構出本主題的內容結構。進一步再用提問的方式，引導學生從所閱讀的資料中思考哪些概念的內容比較豐富，最後的主題就可以聚焦在文章內容豐富上，這就是找資料決定架構，而不是採用預先的架構。

（二）教師困境與教學調整

Q1：如何從建立詞庫進到寫作擬稿？

A：有些學生在詞彙庫建立之後，進到文章結構卻無法馬上類化時，教師可以先請學生利用詞庫中的詞彙試著組織出一篇小短文，等到進行寫作擬稿時再利用文章結構表來修改，上述的小短文就可以當成草稿，例如：有教師在寫景寫作前，訂定「海邊」這個題目，請學生自由選出十個詞庫中的詞語寫出一篇小短文，有了這個練習，該教師回饋：「學生就比較能銜接到後面的寫作擬稿」（103 年台北市，G8）。

綜合上述文章，結構的擬稿有兩種：一種是用演繹法（由結構去思考發揮）引發內容；也可以用歸納法，即先自由聯想再進行組織架構。本教材設計是前者，上述台北市教師採用的方式是後者，先讓學生想出想寫的，再利用結構表去檢核與潤飾。兩種取向都可以，只要教師可以協助學生運用結構擬稿即可。

Q2：在擬稿和檢查時，學生不喜歡寫、不喜歡修改，怎麼辦？

A：如果學生的問題在內容、結構與組織，但因修改需要重新抄寫而降低學生的修改意願時，教師可以調整讓這樣的學生用電腦寫作。在學生多次運用電腦寫作，學習並熟悉這種構思與修改的歷程時，學生才能自動化地將此歷程轉換到紙本，而其在未來寫作時，也能有一個寫作構思的基模，協助他邊寫邊修。

Q3：如果寫作主題是學生缺乏的經驗，怎麼辦？

A：寫作之前教師的引導很重要，引導就是教師要幫學生喚起與主題相關的經驗，最好的結果就是他的經驗可以重現在他的腦海裡。可是學生經常會說：「我沒有這個經驗、我不知道。」例如：本教材模組一的

描述練習，要學生寫一個體貼的行為，學生會說：「我沒有體貼的行為。」或者是在模組三的寫景寫作練習要求寫海邊，學生會說：「我沒有去過海邊。」這時教師應該將主題擴大，去連結孩子可能的經驗。例如：在第一個例子中，教師可以說：「你有沒有幫助（或照顧）過別人，或別人幫助（或照顧）過你的經驗？」教師應該盡量將語詞的難度降低，將較抽象的詞語具體具象化到學生有過的經驗，或是改寫別人幫助你的行為；如果學生真的想不出幫助（或照顧）過別人，那就寫別人幫助他的行為。

而在第二例中，教師可以擴展間接的經驗，例如問學生：「你有沒有看過海邊的影片或風景，或讀過跟海邊（河邊、湖邊）有關的文章？」從這些經驗引導學生找到與其他有此經驗的同學討論之感覺，然後讓沒有直接經驗的學生從間接之感覺去描述。

Q4：學生在描寫時只寫出動作或特質的句子，而沒有細節，怎麼辦？

A：寫作是一個複雜的心智運作工作，低成就學生很難一步到位，當他能夠完整的寫出那些特質時，表示他已經把綱要都寫出來了，此時教師可以再進一步問學生：「這個動作有沒有時間、背景、目標、人物感覺或體會？」鼓勵學生利用已有的關鍵詞或修飾詞去豐富這個描述，告訴他寫作的時候要增加其想到的相關細節，要把這些細節寫進去才會使文章更豐富，必要時可以用字數去鼓勵，例如：寫300字以上可多給點數。

Q5：學生在擬完稿之後不知道怎麼開始寫，怎麼辦？

A：如果學生沒有辦法從綱要直接寫成段落，可以鼓勵學生先說一遍或先演一遍，再依據自己所說的、所演的寫下來。如果學生的記憶沒辦法說完就寫，可以鼓勵學生用手機（或錄音機）錄下自己所說的，再跟

著錄音機寫，提醒學生寫的時候要注意口語必須轉換成書寫的句型，書寫的文字可以修正，不一定要跟口語完全一樣。上述的分段完成之建議可以依據學生程度歸納為三種不同的步驟化層次，如表 6-2 所示。如果是書寫能力較差的學生（在層次三），為了避免學生因為不願意寫字而降低寫作的意願，可以考慮先讓這一層次的學生用電腦寫作。

表 6-2　寫稿的多層次步驟化

層次一	層次二	層次三
說→寫	說→錄→寫（書面語）	說→錄→抄寫（口語句）→修改

Q6：在進行寫景寫作的前一堂課，教師事先要求學生準備照片或圖片，但正式上課時學生沒準備，怎麼辦？

A：為避免學生沒有帶圖片而無法進行，教師要自己先準備好照片或圖片，而且最好是學生熟悉的，例如：校園或學校附近的景物，但是也有可能學生對於教師準備的照片或圖片沒有特別的感覺，所以有的教師會採用另一種方式，就是讓學生在上課前幾分鐘利用手機在校園中拍下自己喜歡的景物，再利用手機的照片進行寫景寫作活動。如果有電腦設備，教師可以把手機的照片傳輸到電腦，印出來後給學生貼在學習單上，或請班上的資訊小組長協助（102 年新北，G8）。

四、檢核

（一）教學設計

1.共同原則

　　檢核是寫作非常重要的步驟。在寫作完成之後，先請學生自己依據手冊提供的架構表項目檢核自己的作文是否完整，隨後利用全班分享的方式，

增進學生對該文體文章的經驗。教師可請每個學生上台分享自己所寫的文章，並且由其他同學擔任評審，對每一篇文章打分數，並提供意見，最後全班共同選出寫得較好的文章。本教材針對記敘文及說明文之不同文體的特色訂定文章評核的標準，並以學生手冊內的「星光幫評分回饋表」呈現，評分活動進行時教師會先說明各項標準，之後再由學生一一上台分享，其他學生則利用「星光幫評分回饋表」，在學生手冊上進行評分回饋。記敘文及說明文的評分回饋表如圖 6-10、6-11 所示。

2. 依文體

　　本教材重視讀寫合一的寫作設計，因此在寫作練習單中，亦安排了寫作檢核的欄位，讓學生在完成文章後，能依據不同模組中學習到的寫作重點再做檢查。不同文體有不同的寫作重點，通常包含寫作手法及文章結構的完整性兩大類。本教材模組二、三、五、六的寫作都設計有寫作檢核，在此僅呈現模組二的寫作練習單，如前文之圖 6-8 所示。

（二）教師困境與教學調整

Q1：學生不願意上台分享自己的作品，怎麼辦？

A：在寫作歷程中，分享是一個很重要的活動，目的有二：首先可以重新審閱自己的文章；其次可以把自己的想法與人交流，因而提升動機。但是有些學生可能因為對自己沒有信心，對班上團體不熟悉、沒有安全感，或是擔心被批評、被笑，甚至可能因為擔心唸的不流暢、口語表達不佳等因素而排斥上台，這時教師可以依據平時的觀察了解學生的情況，如果學生是沒有信心或口語朗讀能力不佳，那麼教師可以先幫他唸；如果學生是擔心被批評、被笑，教師可以在進行這些活動前先給予規範，並要求上台發表及給回饋時的禮貌，例如：要先提出文章的優點、尊重同學的發表等，營造大家一起學習的良好氣氛。

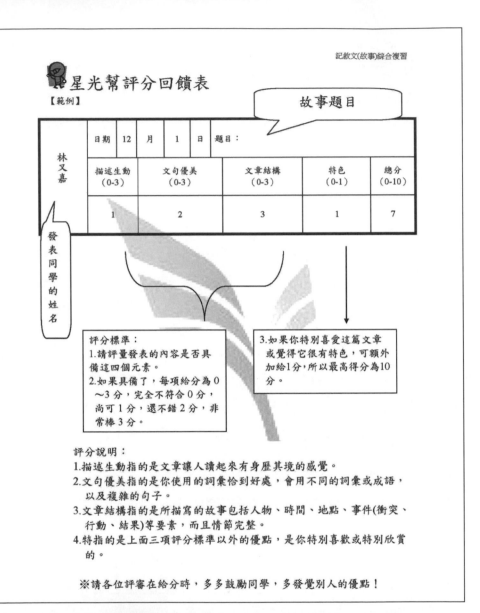

記敘文(故事)綜合複習

星光幫評分回饋表

【範例】

故事題目

林又嘉	日期 12 月 1 日 題目：				
	描述生動 (0-3)	文句優美 (0-3)	文章結構 (0-3)	特色 (0-1)	總分 (0-10)
	1	2	3	1	7

發表同學的姓名

評分標準：
1.請評量發表的內容是否具備這四個元素。
2.如果具備了，每項給分為0～3分，完全不符合0分，尚可1分，還不錯2分，非常棒3分。

3.如果你特別喜愛這篇文章或覺得它很有特色，可額外加給1分，所以最高得分為10分。

評分說明：
1.描述生動指的是文章讓人讀起來有身歷其境的感覺。
2.文句優美指的是你使用的詞彙恰到好處，會用不同的詞彙或成語，以及複雜的句子。
3.文章結構指的是所描寫的故事包括人物、時間、地點、事件(衝突、行動、結果)等要素，而且情節完整。
4.特指的是上面三項評分標準以外的優點，是你特別喜歡或特別欣賞的。

※請各位評審在給分時，多多鼓勵同學，多發覺別人的優點！

圖 6-10　記敘文的星光幫評分回饋表

記敘文(故事)綜合複習

星光幫評分回饋

日期		月		日	人物：			
描述生動 （0-3）		文句優美 （0-3）		文章結構 （0-3）		特色 （0-1）		總分 （0-10）

日期		月		日	人物：			
描述生動 （0-3）		文句優美 （0-3）		文章結構 （0-3）		特色 （0-1）		總分 （0-10）

日期		月		日	人物：			
描述生動 （0-3）		文句優美 （0-3）		文章結構 （0-3）		特色 （0-1）		總分 （0-10）

日期		月		日	人物：			
描述生動 （0-3）		文句優美 （0-3）		文章結構 （0-3）		特色 （0-1）		總分 （0-10）

圖 6-10　記敘文的星光幫評分回饋表（續）

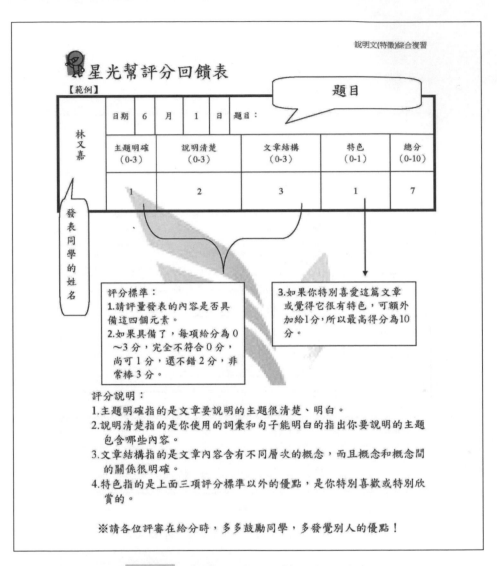

圖 6-11　說明文的星光幫評分回饋表

說明文(特徵)綜合複習

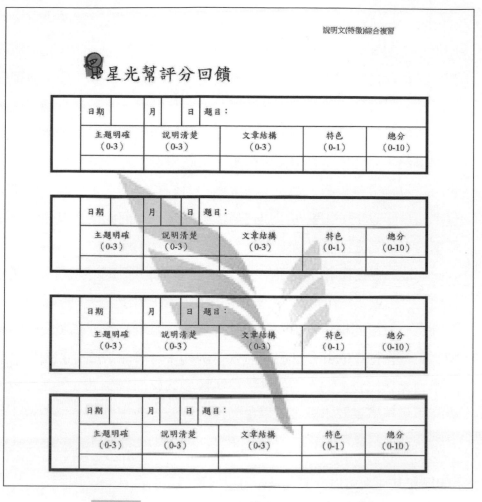

星光幫評分回饋

日期		月		日	題目：			
主題明確 （0-3）		說明清楚 （0-3）		文章結構 （0-3）		特色 （0-1）	總分 （0-10）	

日期		月		日	題目：			
主題明確 （0-3）		說明清楚 （0-3）		文章結構 （0-3）		特色 （0-1）	總分 （0-10）	

日期		月		日	題目：			
主題明確 （0-3）		說明清楚 （0-3）		文章結構 （0-3）		特色 （0-1）	總分 （0-10）	

日期		月		日	題目：			
主題明確 （0-3）		說明清楚 （0-3）		文章結構 （0-3）		特色 （0-1）	總分 （0-10）	

圖 6-11　說明文的星光幫評分回饋表（續）

Q2：學生在評分時不能好好評分，怎麼辦？

A：作文分享與評分之主要目的，是在增加學生藉由聽別人的作品，以複習自己在此模組所學到的文體架構；如果不讓學生評分，學生會很難專心聽，安排同學評分可以讓他專心參與和聆聽。當教師發現學生亂評、有偏見的評分時，例如：依人緣評分，教師可以要求學生舉出具體的事例，並問他是否依據本模組上課時提過的寫作檢核項目；教師也可以規定得分規範，例如：學生舉的事例有達到一定標準（如檢核標準的一半以上），就可以規定至少可得幾分；而如果沒有達到一定標準的，最高分不能超過兩分等。

因此，教師應該利用這個回饋的方式，引導學生利用檢核項目去複習本模組文體的重要寫作元素，必要時要求學生依據上述的原則修改評分。教師也可以趁此機會告訴學生，評審要被尊重就必須要依照公開的標準，不符合標準的評分都視同無效，例如：全班給最高分的同學反而是達到標準比較少的，而達到標準比較多的反而得到低分，此時教師應該用這些標準要求評審（學生）修改評分，並提醒學生學習做一個有公信力、被尊重的評審。

Q3：如果有其他人可以參與，是否可以找班級以外的人員一起評分？

A：教師如果希望提供學生多一個專業的標準，而且在班級進行評分回饋活動時也剛好有班級以外的人員可參與，例如：圖書館的教師或實習教師等，只要這些人員了解評分標準以及這個活動的目標，當然可以額外增加可提供學生回饋的人，但應該要注意班級外的人員加入，不應降低其他同學參與的意願或機會，因為評分對所有同學而言是一個複習活動。

第七章　其他學習策略

本教材主要在提升低成就學生的學習表現，除了語文相關策略之外，另外也安排通用各科的有效學習策略，例如：做筆記、自我監控和擴充閱讀等三項，主要是在期待學生透過本教材建立一些有效的學習方法和習慣。

一、做筆記

（一）教學設計

本教材在教導閱讀之時，也特別重視學生學會做筆記。低成就學生因為經常無法自己讀出文章裡的重要元素，而且聽了太多重點會忘記，因此從模組一開始，教師會在進行文章結構教學時，也同時訓練學生做筆記。教師應請學生選用不同顏色的螢光筆，利用不同顏色代表不同的元素，接著根據結構表的各元素進行提問，請學生在課本上找出答案（關鍵詞語），並用螢光筆畫出，接著在答案（關鍵詞語）上下的空白處寫出文章元素，以幫助學生在課文上整理出文章結構的重點，如圖 7-1 所示。做筆記的活動必須多加訓練，讓學生在每一課練習做筆記的過程中，慢慢熟悉記筆記的方式，同時也能慢慢養成做筆記的習慣。

有教師反應，在課文上做筆記可以讓學生更容易完成學習單，書寫時間也縮短了，能幫助學生建立做筆記的習慣，也確實能提升學生的學習效益。

聽問題、畫重點、寫元素

做筆記

ℯ 這個故事中的人物（who）有誰？
　男孩、（男孩的）爸爸、老闆。
　這就是6W中的who

1　　一個平常的晚餐時間，麵店像往常一樣高朋滿座。 人物 人
安靜地吃著麵，有 人物 邊聊天邊用餐。一個年約十歲的男孩小
心翼翼地攙著一個 眼盲的中年人 走進麵店，找到空位，扶著他坐
上位子後，大聲地說：「老闆，兩碗牛肉麵。」
人物
2　　在 老闆 正要下麵時，男孩轉身走過去，搖搖手小聲地說：「不
好意思，只要一碗牛肉麵，另一碗湯麵。」

圖 7-1　教師示範做筆記的講解

（二）教師困境與教學調整

Q1：教學生做筆記時有點手忙腳亂，怎麼辦？

A：教師在教導學生做筆記時不宜只有解講而不示範，因為做筆記是一種
　程序性的學習，因此教師的示範和邊說邊作很重要。本教材的每一模
　組都有提供做筆記的教學PPT，可以協助教師在上課時能流暢完成做筆
　記的教學活動，不致於手忙腳亂。

　有教師反應教學生做筆記時搭配PPT使用（如圖 7-1 所示），解說比較
　有條理，學生也比較清楚知道要怎麼做筆記，因為 PPT 內有示範又有
　檢核，能讓學生完整學習，教師會一邊呈現問題，一邊示範將課文中

的線索或答案畫線，並寫上元素，而每一事件說完後，還會呈現完整的筆記結果，讓學生可以核對或修正自己的筆記。

Q2：如果學生已經有自己的筆記習慣，但跟教師不一樣，此時該怎麼辦？

A：上課簡報中建議教師教導學生利用不同顏色做筆記，但有些學生可能對於顏色已經有自己的喜好時，教師可以把這些學生的筆記提供給同學參考，並且全班改用該學生的顏色系統，用什麼顏色不重要，重要的是固定顏色作為代碼的提示。

但教師如果發現學生使用的筆記顏色沒有系統、沒有邏輯，那麼教師應該鼓勵學生用同一個顏色代表同一個概念，讓學生修改為教師準備的筆記方式，例如：學生將每個事件中的衝突都用紅色，行動都用橘色，但紅色、橘色的顏色太接近，建議學生將行動換成綠色或其他顏色，而這個顏色在課堂上應該都被設定為代表固定的元素。亦或是讓程度好的學生能自訂自己的顏色，只要學生可以區分各顏色代表的不同元素，而又能夠在各課統一這個自訂的做筆記邏輯即可。

Q3：做筆記時，學生如果沒有各色的螢光筆（顏色筆），怎麼辦？

A：教師在教做筆記時，最好能事先準備好幾套螢光筆（顏色筆），讓學生現場借用，因為有些學生可能是家庭經濟的限制，或是偷懶的關係，會找藉口說因為沒有文具而不做筆記，所以教師最好預先準備。亦有教師會把攜帶螢光筆（顏色筆）當做學生的增強行為，或是做為增強點數兌換的禮物。

Q4：如果學生動作太慢或程度太差，無法跟上做筆記教學時的速度，怎麼辦？

A：如果學生動作太慢，教師可以允許學生只要選顏色畫，不要當場寫，

或只寫代號，例如：只寫一個字或注音或畫幾何圖，等到下課後或上課的空檔時間再看其他同學的筆記來補。如果學生程度真的太差，連畫色筆都跟不上，教師可以安排一位小老師坐在旁邊，讓他可以跟著小老師做。

剛開始有些學生確實會較慢，但做筆記的活動只要持續進行，一學期下來，學生養成習慣，動作就會變快。

二、自我監控

（一）教學設計

自我監控是一種學習的後設認知，也就是指學習者必須有意識地注意自己所學，也要有意識地知道自己的學習狀態和進展情形。自我監控包括很多不同的成分，除了本書前文所提的閱讀理解監控之外，本教材也另外設計通用性的自我紀錄、自我評估、自我獎勵，以增進學生學習的內在動機。這些自我監控的活動都放在各模組的學生手冊，包括：十全十美目標、目標許願卡（天燈）、我的上課表現檢核、國字銀行、閱讀存款簿、朗讀評量、逐課評量成績登錄，如圖 7-2～7-8 所示。

❖本課程學習重點❖

　　本模組為描寫情節的記敘文，簡稱為記敘文(故事)，學習重點如下：記敘文(故事)中包含的 6W 元素(人物、時間、地點、事件、結果)是所有有故事情節文章的要素，只要學會了如何找出故事中的 6W，以及了解故事中不同情節事件之間的關係，就能有效掌握文章的意義，並且能讀出文章背後蘊含的意義。

＊十全十美目標＊

請依自己在各目標的表現在每個欄位的分數下打「∨」

		待改善			普通			很好		
表現分數　　目標項目	1	2	3	4	5	6	7	8	9	10
目標1：我會利用組字規則（聲旁、部首）分辨容易混淆的字。										
目標2：我會利用連接詞讓句子變長。										
目標3：我會利用不同的各種方法（相似、相反詞、析詞釋義、用聲旁猜）來學習新詞。										
目標4：我會區辨多義詞在不同句子中的意思，以及分辨前後句子的關係。。										
目標5：我會分辨故事情節的文章。										
目標6：我會抓出故事的重要元素。										
目標7：我會讀出文章主旨。										
目標8：我會利用故事結構摘要一篇較長的故事。										
目標9：我會利用故事結構寫一篇200字以上的故事。										
目標10：我每週至少自己找一篇（本）課外讀物來閱讀。										
各項表現得分總數	×1	×2	×3	×4	×5	×6	×7	×8	×9	×10
分數小計										
總分（分數小計加總）　　　　　　　＿＿＿＿＿分										

※自己的評語：

　　　　　簽名：＿＿＿＿＿＿＿　　　日期：＿＿年＿＿月＿＿日

1

圖 7-2　模組一的十全十美目標

圖 7-3　目標許願卡（天燈）

綜合記錄表

❖上課表現檢核❖

上課日期	節	所得總數	總數	自我檢核表現	教師簽名
年　月　日				□很棒！ □有進步 □下次再加油	
年　月　日				□很棒！ □有進步 □下次再加油	
年　月　日				□很棒！ □有進步 □下次再加油	
年　月　日				□很棒！ □有進步 □下次再加油	
年　月　日				□很棒！ □有進步 □下次再加油	
年　月　日				□很棒！ □有進步 □下次再加油	
年　月　日				□很棒！ □有進步 □下次再加油	
年　月　日				□很棒！ □有進步 □下次再加油	
年　月　日				□很棒！ □有進步 □下次再加油	
年　月　日				□很棒！ □有進步 □下次再加油	
年　月　日				□很棒！ □有進步 □下次再加油	
年　月　日				□很棒！ □有進步 □下次再加油	
年　月　日				□很棒！ □有進步 □下次再加油	
年　月　日				□很棒！ □有進步 □下次再加油	
年　月　日				□很棒！ □有進步 □下次再加油	
年　月　日				□很棒！ □有進步 □下次再加油	
年　月　日				□很棒！ □有進步 □下次再加油	
年　月　日				□很棒！ □有進步 □下次再加油	
年　月　日				□很棒！ □有進步 □下次再加油	

圖 7-4　我的上課表現檢核

❖國字銀行存款❖

聲旁字：

聲旁衍生字	注音或同音字	部首	造詞

聲旁字：

聲旁衍生字	注音或同音字	部首	造詞

圖 7-5　國字銀行

綜合記錄表

【閱讀存款簿】

日期	書（文章）名	作者 出版出處	字數 或 頁數	分享的方法	喜歡 程度	見證 人
			字： 頁：	☐朗讀給老師聽 ☐讓老師問問題 ☐說給別人聽 ☐寫 6W 結構表	1, 2 ,3, 4, 5	
			字： 頁：	☐朗讀給老師聽 ☐讓老師問問題 ☐說給別人聽 ☐寫 6W 結構表	1, 2 ,3, 4, 5	
			字： 頁：	☐朗讀給老師聽 ☐讓老師問問題 ☐說給別人聽 ☐寫 6W 結構表	1, 2 ,3, 4, 5	
			字： 頁：	☐朗讀給老師聽 ☐讓老師問問題 ☐說給別人聽 ☐寫 6W 結構表	1, 2 ,3, 4, 5	
			字： 頁：	☐朗讀給老師聽 ☐讓老師問問題 ☐說給別人聽 ☐寫 6W 結構表	1, 2 ,3, 4, 5	
			字： 頁：	☐朗讀給老師聽 ☐讓老師問問題 ☐說給別人聽 ☐寫 6W 結構表	1, 2 ,3, 4, 5	
			字： 頁：	☐朗讀給老師聽 ☐讓老師問問題 ☐說給別人聽 ☐寫 6W 結構表	1, 2 ,3, 4, 5	
			字： 頁：	☐朗讀給老師聽 ☐讓老師問問題 ☐說給別人聽 ☐寫 6W 結構表	1, 2 ,3, 4, 5	

圖 7-6　模組一的閱讀存款簿

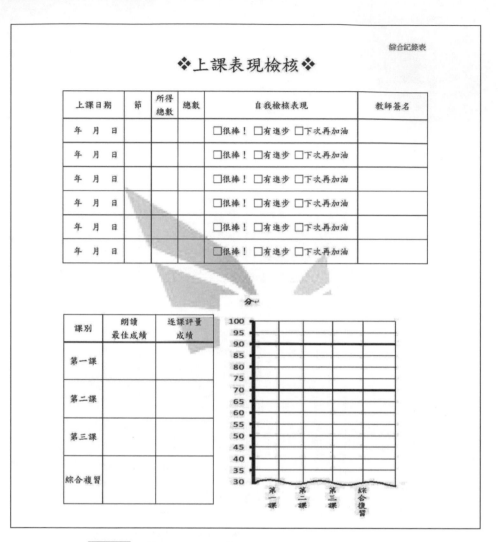

圖 7-7　模組一的朗讀評量、逐課評量成績登錄

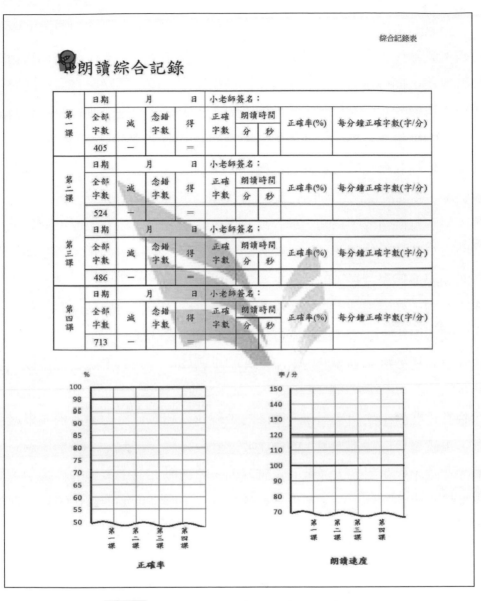

綜合記錄表

朗讀綜合記錄

第一課	日期	月	日	小老師簽名：				
	全部字數	減	念錯字數	得	正確字數	朗讀時間 分　秒	正確率(%)	每分鐘正確字數(字/分)
	405	－		＝				
第二課	日期	月	日	小老師簽名：				
	全部字數	減	念錯字數	得	正確字數	朗讀時間 分　秒	正確率(%)	每分鐘正確字數(字/分)
	524							
第三課	日期	月	日	小老師簽名：				
	全部字數	減	念錯字數	得	正確字數	朗讀時間 分　秒	正確率(%)	每分鐘正確字數(字/分)
	486	－		＝				
第四課	日期	月	日	小老師簽名：				
	全部字數	減	念錯字數	得	正確字數	朗讀時間 分　秒	正確率(%)	每分鐘正確字數(字/分)
	713	－						

圖 7-8　模組一的朗讀評量表現曲線記錄

上述的監控活動可分成三種：第一種是長期性的監控自己學習（整個模組），例如：「十全十美目標」檢核，主要在讓學生先了解整個模組的學習目標，期待建立學生對學習有預測和準備，並能隨時監控自己的學習內容與目標的關聯。另外，「目標許願卡（天燈）」則是訓練學生如何訂定自己的中長期目標，以及如何累積長期的努力來達到中長期的目標，以幫助學生建立行為的延宕滿足之經驗，主要是很多低成就學生因為長期失敗經驗，容易停留在立即的增強，而對於較大的目標無法透過累積來達成，讓人誤解為懶惰或不用功，或容易放棄，而這些學生沒有經歷不斷累積的努力去克服較大的困難或達到較大的目標，因此期待他們透過每學期的天燈活動讓他們學習長期的自我檢核，而慢慢學會訂定合理的目標，累積每天的努力，延宕增強而獲得較大的成果。這樣的學習需要長期的經驗，至少要兩個模組，學生才能夠體會到累積努力的成就感。

第二種監控活動屬於短期或立即的，例如：「我的上課表現檢核」是針對每節課的紀錄，「朗讀評量、逐課評量成績登錄」是屬於每課的記錄，這些都是在讓學生對自己每一節課的表現建立起自己努力與所得成果之連結，也就是每節課都讓學生體會「要怎麼收獲先怎麼栽」，算是透過立即增強在強化學生對個人成就的正確歸因。此活動在過去實施的經驗中，是學生最喜歡的活動之一，所以，無論教師的上課進度如何落後，每節課都需要空下三至五分鐘，讓學生完成這個活動，尤其是對學習動機不佳者，更是需要，它不僅能提升學習動機，也能讓學生學到正確的成就歸因。另外，「朗讀評量、逐課評量成績登錄」是讓學生對每一課學習能有總結性的評量，所以教師可以在這個記錄活動中，針對學生表現較好或較差的狀況進行討論，例如：「容易犯錯的題目都是哪些？」通常反向的題目學生常犯錯，教師可趁機讓學生找到自己犯錯的原因，以及避免犯錯的方法，例如：找到關鍵詞，並討論下次考試時可以如何避免。類似由自己經驗去

得到結果的學習策略會比教師不斷提醒學生還要有效。

　　第三種監控活動是需要長期累積能力的活動，例如：「國字銀行」或「閱讀存款簿」，這些不受模組、課文或情境學習的限制，讓學生能透過記錄表了解，語文能力的累積可以隨時隨地，銀行跟存款簿的記錄是將這樣的零星之學習具體化，讓學生體會語文能力需要累積這些的學習。所以教師在進行各項語文競賽活動時，應鼓勵學生運用自己存款內的字詞，也可以在適當的場合鼓勵類似語文存款的活動。

（二）教師困境與教學調整

Q1：學生在第一節課缺席或在課程開始進行後才中途加入，導致無法在期末時做天燈目標的檢核，怎麼辦？

A：目標擬定與檢核是提升學習動機的習慣，本教材特別設計天燈活動，於期初時就讓學生能擬定學期目標，以便能在期末時做目標檢核。但如果學生因故無法於期初參與天燈擬定目標的活動，那麼教師應該找時間讓學生個別補上，以便於期末時可以全班一起做檢核。

Q2：學生在進行天燈活動時擬定的目標與語文課程無關，怎麼辦？

A：目標擬定本來就是需要學習的，很多學生並沒有目標和行為之間的連結概念，所以會出現天馬行空、不合乎實際需求的目標，例如：上完課程希望能考全班前三名、數學會進步等，此時教師可以問學生：「這個課程的主要目的在增進什麼？」引導學生去擬一個符合實際需求，而且與本課程學習有關的目標，且只要學生說得合理都可以接受，不要強制規定學生。

Q3：學生擬定的目標到了期末沒有達成，怎麼辦？

A：有些學生不會擬合適的目標，所擬的目標遠超過其目前的能力太多。擬目標時，教師可以提醒他，但如果學生不願意改，教師就應予以尊重，通常期末未能達到，下次就會修改了。所以為了鼓勵學生擬合理的目標，期末時教師應該給予能夠達到目標者額外的獎勵。

Q4：學生不會做國字銀行，怎麼辦？

A：在本教案中，並沒有針對國字銀行提供教學活動的步驟，因為這是屬於累積性的課外學習活動，建議教師在模組 F 和模組一的第一課「字詞練習」之後可增加說明，並做為課外加分的鼓勵。對於模組F，如果學生動機不高，教師可以每課完成後做一次獎勵，透過增加回饋次數提升學生完成自己學習的意願。

有教師因考慮班上低成就學生回家後不知道怎麼寫國字銀行，所以在第一、二模組，教師會把教師手冊後附錄的「基本字字表」中之常見字根找出來，再請學生回答（找出）這個字根的注音，然後就填入國字銀行，引導幾次之後，學生就知道如何進行。

Q5：學生在做逐課評量時，對於第二大題「克漏字評量」的題型很陌生，不知道怎麼做時，怎麼辦？

A：克漏字評量在國語文的考題類型中比較少見，是學生不熟悉的，但在英文考試應該是常見的評量題型，其主要目的在評量學生能否從課文的脈絡中選出關鍵的字詞，而且不影響文意，這是一種可以測試學生文章理解程度的題型。有學生可能認為背課文就可以拿高分，但克漏字的文句是依據課文的文意改寫的，要讓學生練習文章理解以及文章細節和全文的關係，因此完全的背誦而不理解不一定能得高分。

當學生不知道怎麼做克漏字評量時，教師可以先建議學生把問題的字詞

選項和前後句串起來，第二步讓學生判斷這個字詞應該和前後的哪些字詞連成一個詞，第三步再判斷與這個所選的組合語詞可能有關的文意（文意可能是在前後的句子中），最後利用這些語句再做一次判斷，以選出最適合這一段文意的字。上述的練習也就是在教導學生段落內文句連結的閱讀理解。

Q6：教師在學生每次上課後勾選「我的上課表現檢核」時，是否要鼓勵勾「很棒」？若學生勾「下次再加油」，怎麼辦？

A：「上課表現檢核」的目的主要是讓學生真實的認識自己，所以學生勾什麼選項都應予以尊重，只要他說得出理由，且教師也同意是一個合理的選項就可以。教師不要去評價不同的選項或試圖影響學生都要勾「很棒」，如果發現學生有不符合現況的評量，教師應讓學生說出理由，透過討論讓學生考慮是否要調整自己的選項。有教師從實施中看到學生內在動機的提升：「每一節讓教師簽名是非常好的，而且是非常重要的過程，因為他（學生）在給你簽名的時候就會勾進步、待加強，自己沒寫作業就會勾待加強，你都不用教，他就有那個榮譽心，所以我很喜歡這個表」（102年台北市，G7）。

三、擴充閱讀

（一）教學設計

　　本教材之教案設計採責任轉移的設計，教師教學分量會逐漸減少，並逐漸增加學生自己學習，以建立學生獨立完成閱讀學習的能力，而能將所學之策略與能力類化到真實閱讀情境。但因語文低成就學生的語文能力落後太多，尤其是很多學生的家庭與周圍環境給予的語文活動刺激有限，也缺乏課外學習的經驗，而學校規定的課外閱讀往往超過學生的語文程度，且不一定與教材所學模組一致，因此，本教材設計希望教師可以利用每節課的空白時間，例如：等人時間或完成作業（如 10 分鐘），讓學生做模組文章的課外閱讀。為了實施課外閱讀，本教材在第一個模組之第三課（半自學文），特地設計一個彈性課程，建議可以先撥一些時間引導學生閱讀與就讀模組一樣文體的課外文章，除了增加學生練習量，也增加學生的閱讀經驗和視野。之後，每個模組的第三課後也有類似的引導課外閱讀，特設計擴充閱讀之教案供參考使用，教師可以鼓勵學生多閱讀所學習之模組的文體文章，學生選擇正確的文體之文章，也算是對文體的敏感度增加了，也彌補各模組所選文章篇數有限的困境；讓學生自己增加課外閱讀，有助於學生對於文體的學習。擴充閱讀教案使用時機通常都是第三課教完後進行，在第三課後進行，不但可以讓學生更加熟悉該模組的結構，還可以做為寫作練習前的預備。

　　課外讀物可以選擇學校國文教師規定或學生在校容易取得的讀物，也可以讓學生由班級教師推薦的課外讀物來選擇於班上的課外閱讀，透過學生選文，判斷學生對教導的文體之熟悉和獨立表現程度。如果學生程度不及，教師可以建議或提供一些適合學生可以自己閱讀的文章或課外讀物，以免低成就學生因此更加落後。

　　為了鼓勵學生課外閱讀，教師可依據學生的閱讀存款簿之進步給予獎勵。閱讀存款簿之計算完成閱讀的方法可由教師彈性決定，教師可以給全班一個計算標準，以鼓勵學生多閱讀為原則，閱讀之完成也可以彈性，如閱讀存款簿中列出的幾個方式：朗讀給老師聽、讓老師問問題、說給別人聽、填寫 6W 結構單……等，只要做到其中之一，都可以採計已完成。建議教師先採信任的態度，如有懷疑，可以採上述抽點方式檢驗，以免過嚴而阻遏學生跨出課外閱讀的第一步。對於課外閱讀完成一頁或數頁，教師可依據學生的語文和努力程度全班定一個標準給予點數增強，或安排機會讓學生分享閱讀的內容，以鼓勵學生主動閱讀課外讀物。

　　由於進行課外閱讀對國中低成就學生的執行難度較高，所以建議教師先多獎勵，學生只要有做，盡量給予增強，學生手冊中有閱讀存款簿之設計，可鼓勵學生記錄自己閱讀的進展；教師對於字數或頁數計算可以寬鬆一點，讓學生剛開始有一點小小的努力就可以看到獎勵。

　　對於程度好的學生，可以鼓勵他們在課堂內完成活動之後自行閱讀，以免讓好學生在等待其他學生時沒有事做，課外閱讀或其他累積性的活動都可以讓程度好的學生自行加強。

　　本教材特別設計閱讀階梯，可在教學資源網站下載印製成海報，主要是把擴充閱讀結合自我監控的設計，讓全班學生一起監控自己的進展。此就是把閱讀存款簿達到一個程度的學生名字放到海報上的階梯，讓全班一起看到每個人的進展，增加全班互相激勵的效果，如圖 7-9、7-10 所示，以增強課外閱讀的行為。

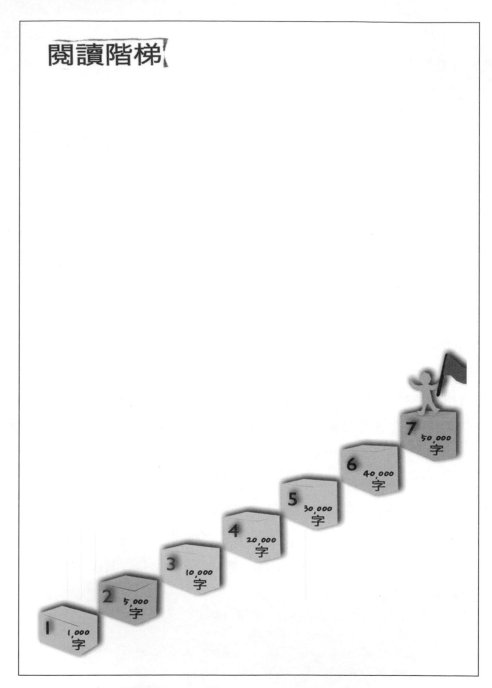

圖 7-9 閱讀階梯海報（以字數計算）

圖 7-10　閱讀階梯海報（以頁數計算）

（二）教師困境與教學調整

Q1：擴充閱讀如何進行、如何選書？

A：擴充閱讀的目的有二：一是填充教學空檔時間，例如：等學生到齊或等學生一起完成作業；二是提供學生接觸課外學習的機會，讓學生不要把語文的學習限制在課本中，以增加學生閱讀的經驗。

所以本教材刻意在模組一設計「我們叫它粉靈豆」擴充閱讀教學，由教師帶領學生進行第一次的擴充閱讀。而其他模組的彈性課程也都放入擴充閱讀教案，主要是提供教師可以在之後的模組繼續延續運用。至於時間、進度夠不夠，教師應該在自己的課堂中去調整，建議不要因為進度而刪除此活動。擴充閱讀就像一盤菜的調味料，當菜色超過預算時，應該減少的是肉跟菜，而不是減少調味料，因為減少調味料，整盤菜的味道都不對了，但少了十分之一的肉或菜，整盤菜的味道卻不會走掉，所以教師寧可對課程內容稍減，也不宜刪去課外閱讀。

擴充閱讀的選擇建議以學校所規定的，或學生容易取得的書單為原則，以免增加學生的負擔，同時也可以幫助學生解決學校的功課壓力。教師可以在這些書單中依據模組的特性提供學生建議，而書單的書如果超過學生的能力太多，教師也可以根據學校規定的書單，推薦類似的主題且內容較簡單的書。本教材也在教師手冊的各模組說明中提供建議書單，或用同文體的國中課文做為模組的擴充閱讀，也有教師用電影做為故事體的擴充閱讀材料。

Q2：學生在擴充閱讀選書時選漫畫，怎麼辦？

A：如果學生選的漫畫書主題是合適的，例如：寫人模組，學生選愛迪生漫畫，而他也能夠依照課堂規定，利用擴充閱讀名片卡寫出結構，那麼教師就應該給予加分。但漫畫書轉換成字數或頁數的計算標準，教

師可以依照班上的狀況去決定標準，例如：都改以頁數計算，文字的算一頁，漫畫的算半頁或三分之一頁。

Q3：擴充閱讀選書應採共讀或讓學生自由選擇？

A：共讀和自由選擇各有利弊，如果學生動機較低、沒有閱讀習慣且不太會選擇時，教師可以和學生共同選擇一本，且定期安排討論時間，這樣較會提升學生的閱讀樂趣，也比較容易實施課外閱讀。但共讀容易犧牲學生自選的樂趣，也可能因為選的書不是學生喜歡的，而影響學生參與的動機。所以教師應該視狀況彈性調整，一方面採用共讀的方式，另一方面也同時提供學生自由選擇，例如：讓一小群學生共讀，少部分學生自選，或讓能力好的學生兩邊都參與。教師千萬不要因為學生選擇不同的方式而給予不同評價，重點應該放在增加學生實際閱讀的行為和閱讀的動機。

✿ 參考文獻 ✿

中文部分

王瓊珠、洪儷瑜、陳秀芬（2007）。低識字學生識字量發展之研究：馬太效應之可能表現。**特殊教育研究學刊**，**32**（3），1-16。

吳明隆、張毓仁、曾世杰、柯華葳、林素貞（2013）。國小低年級中文朗讀流暢能力的發展軌跡分析。**臺東大學教育學報**，**24**（2），33-65。

洪碧霞（2010）。**臺灣PISA 2009 研究報告**。台南市：臺灣PISA 2009 國家研究中心。

張毓仁、吳明隆、胡芝妮（2011）。國小四、五和六年級學童國語文課程本位朗讀流暢性能力之比較。**教育研究月刊**，**210**，49-61。

英文部分

Biancarosa, C., & Snow, C. E. (2006). *Reading next: A vision for action and research in middle and high school literacy: A report to Carnegie Corporation of New York* (2nd ed.). Washington, DC: Alliance for Excellent Education.

Chall, J. (1996). *Stages of reading development* (2nd ed.). Orlando, FL: Harcourt Brace& Co.

Williams, J. P. (2003). Teaching text structure to improve reading comprehension. In H. Swason, K. Harris, & S. Graham (Eds.), *Handbook of learning disabilities* (pp. 294-305). New York, NY: The Guilford Press.

網站

課文本位閱讀理解策略（http://pair.nknu.edu.tw/pair_system/Search_index.aspx）

「語文精進教材」臉書粉絲頁（https://www.facebook.com/語文精進教材-1520908548171804）

國家圖書館出版品預行編目（CIP）資料

國語文補救教學教戰手冊：解構語文精進教材／
洪儷瑜，劉淑貞，李珮瑜著.
--初版.-- 新北市：心理, 2015.06
　面；　公分.--（語文教育系列；48015）
　ISBN 978-986-191-492-3（平裝）

1. 漢語教學　2. 補救教學　3. 中等教育

524.31　　　　　　　　　　　　　　104008362

語文教育系列 48015

國語文補救教學教戰手冊：解構語文精進教材

作　　　者：洪儷瑜、劉淑貞、李珮瑜
責任編輯：郭佳玲
總 編 輯：林敬堯
發 行 人：洪有義
出 版 者：心理出版社股份有限公司
地　　　址：231026 新北市新店區光明街 288 號 7 樓
電　　　話：(02) 29150566
傳　　　真：(02) 29152928
郵撥帳號：19293172　心理出版社股份有限公司
網　　　址：https://www.psy.com.tw
電子信箱：psychoco@ms15.hinet.net
排 版 者：辰皓國際出版製作有限公司
印 刷 者：辰皓國際出版製作有限公司
初版一刷：2015 年 6 月
初版七刷：2021 年 9 月
I S B N：978-986-191-492-3
定　　　價：新台幣 200 元